2019年 人民币国际化报告

2019 RMB INTERNATIONALIZATION REPORT

中国人民银行
THE PEOPLE'S BANK OF CHINA

责任编辑：童祎薇
责任校对：潘　洁
责任印制：程　颖

图书在版编目(CIP)数据

2019年人民币国际化报告 / 中国人民银行编.—北京：中国金融出版社，2019.9
ISBN 978-7-5220-0257-6

I.①2… II.①中… III.①人民币—金融国际化—研究报告—2019 IV.①F822

中国版本图书馆CIP数据核字（2019）第192147号

2019年人民币国际化报告
2019 Nian Renminbi Guojihua Baogao
出版
发行 中国金融出版社
社址 北京市丰台区益泽路2号
市场开发部 (010)63266347，63805472，63439533 (传真)
网 上 书 店 http://www.chinafph.com
(010)63286832，63365686 (传真)
读者服务部 (010)66070833，62568380
邮编 100071
经销 新华书店
印刷 北京市松源印刷有限公司
尺寸 210毫米×285毫米
印张 11
字数 195千
版次 2019年9月第1版
印次 2019年9月第1次印刷
定价 40.00元
ISBN 978-7-5220-0257-6

目 录

专 栏

图

表

CONTENTS

Boxs

Figures

Tables

第一部分

人民币国际化十年发展

改革开放四十年来，中国经济实力显著提升，开放型经济新体制逐步健全，中国在全球经济中扮演着日益重要的角色。随着中国对外开放程度不断提高，中国经济全面融入世界经济体系，人民币逐渐走出国门。2008年以来，人民银行与市场机构一道，按照尊重市场需求、服务实体经济、确保风险可控的原则，有序推动人民币国际使用。十年来，跨境人民币业务政策框架基本建立，基础设施逐步完善，人民币国际使用稳步发展。特别是党的十八大以来，人民币加入SDR，国际货币地位初步奠定，资本项目可兑换有序推进，金融市场开放成效显著。目前，人民币已连续八年为中国第二大国际收付货币，全球第五大支付货币、第三大贸易融资货币、第八大外汇交易货币、第六大储备货币。全球已有60多个央行或货币当局将人民币纳入外汇储备。超过32万家企业和270多家银行开展跨境人民币业务，与中国发生跨境人民币收付的国家和地区达242个。人民币作为支付货币功能不断增强，作为投融资和交易货币功能持续深化，作为计价货币功能有所突破，作为储备货币功能逐渐显现。

一、政策演进及发展成果

改革开放初期，人民币通过人员往来、边境贸易、边境旅游等途径向中国毗邻国家和港澳台少量流出。2008年国际金融危机爆发，美元、欧元、日元等主要国际储备货币汇率大幅波动，企业和个人对人民币跨境使用的需求越来越高。人民币国际化在市场呼声中启动。十年来，人民币跨境使用的政策限制逐步解除，人民币国际使用经历了从经常到资本、从银行企业到个人、从简单到复杂业务逐步发展的过程，作为国际货币功能也从单一的支付结算向投融资、交易计价、储备拓展。

（一）从贸易结算试点拓展到经常项目阶段

2008年国际金融危机后，为降低汇兑成本、获得稳定的贸易融资，国内进出口企业提出了在跨境贸易中使用人民币进行结算的需求。2009年7月，上海和广东省广州、深圳、珠海、东莞等城市启动跨境贸易人民币结算试点，境外地域范围为我国港澳地区和东盟国家。2010年6月，人民银行等六部委联合将试点地区扩大到北京、天津等20个省（自治区、直辖市），不再限制境外地域范围，试点业务范围涵盖跨境货物贸易、服务贸易和其他经常项目结算。2011年8月，跨境人民币结算试点扩大至全国，业务范围涵盖货物贸易、服务贸易和其他经常项目结算。2009年以来，经常项目下人民币跨境收付快速增长，从初期年度结算金额不到4 000亿元，至2015年达到7万亿元，随后进入平稳增长通道。

（二）从经常项目拓展至资本项目阶段

随着跨境贸易人民币结算试点的深入开展，境内外机构使用人民币进行直接投资的需求日益增长。2010年10月，人民银行在新疆试点开展境内企业人民币对外直接投资业务。2011年1月，人民银行允许跨境贸易人民币结算试点地区开展对外直接投资人民币结算业务。8月，跨境贸易人民币结算试点范围扩大到全国，人民币对外直接投资业务也扩大至全国范围。10月，外商直接投资业务政策出台。对外直接投资和外商直接投资人民币跨境结算从无到有，在直接投资跨境收付中的份额不断扩大，由2010年的不到5%逐年上升至2018年的超过50%。人民币跨境贸易融资、境外项目人民币贷款、境内企业境外放款、跨境人民币资金池业务等政策也陆续推出并不断完善。

（三）不断推动金融市场双向开放

随着境外主体人民币的积累，使用人民币进行投资和配置资产的需求日趋增长。与此同时，中国金融市场双向开放进程不断加快，银行间债券市场投资、人民币合格境外机构投资者（RQFII）、人民币合格境内机构投资者（RQDII）、“沪深港通”、基金互认、“债券通”、黄金国际板等投资渠道陆续放开。境外发行人民币债券的境内主体和境内发行人民币债券（“熊猫债”）的境外主体类型越来越多元化。证券投资项下人民币收付业务从无到有，从2011年的1 000亿元增长至2018年的超过6万亿元，2018年增速超过83.6%。

（四）人民币加入SDR，国际货币地位初步奠定

2016年10月，人民币正式加入国际货币基金组织（IMF）特别提款权货币篮子，权重为10.92%，在篮子货币中排名第三。2016年第四季度，IMF官方外汇储备货币构成（COFER）中人民币储备规模为907.8亿美元，这是IMF首次公布人民币储备信息。截至2018年第四季度末，COFER中人民币储备规模为2 027.9亿美元，占比1.89%，在主要储备货币中排名第6位。据不完全统计，已有60多个央行或货币当局将人民币纳入外汇储备。

二、基础设施建设成果

（一）人民币跨境支付系统

人民银行从2012年开始组织建设人民币跨境支付系统（CIPS），CIPS业务功能不断完善，参与者数量不断增加，业务量不断攀升，清算结算效率得到参与者的广泛认可。2015年10月，CIPS（一期）投产，引入实时全额结算模式，支持客户和金融机构汇款等支付业务，满足了全球各主要时区跨境人民币贸易、投融资业务的结算需要。2017年10月，“债券通”开通，CIPS可满足其结算需要，以香港为节点连接中国内地与多个不同经济体市场，支持国际通行的付款交割结算（DVP），涵盖了现券买卖、发行承销、债券回购等金融市场业务类型，满足了国际投资者在不改变业务习惯下投资内地债券市场的需求。2018年5月，CIPS（二期）上线，引入了定时净额结算机制，系统运行时间由原来的5×12小时延长至5×24小时+4小时，全面覆盖了全球各时区的金融市场，支持当日结算。CIPS为银行间货币市场加开夜盘，满足了境内外直接参与者夜间流动性调剂需要。除付款交割结算（DVP）外，CIPS还开通了人民币对外币同步交收（PVP）、中央对手集中清算等资金结算模式。

截至2018年末，CIPS共有31家直接参与者、818家间接参与者，参与者覆盖全球六大洲89个国家和地区，业务实际覆盖全球161个国家和地区，2 659家法人金融机构。截至2018年末，CIPS已累计处理人民币跨境支付业务超过342万笔、金额45.84万亿元。

（二）人民币跨境收付信息管理系统

2009年7月，为支持跨境人民币结算试点业务的有序开展，人民银行上线了人民币跨境收付信息管理系统（RCPMIS）。RCPMIS是目前国内唯一的专门针对人民币资金跨境流动监测的全国性信息管理系统。

自上线以来，为适应新业务发展需要，RCPMIS系统性能不断优化。经过多次升级改造，系统采集范围涵盖人民币跨境收付相关业务信息、流量信息和存量信息。系统统计监测功能逐步完善，满足了人民银行对人民币跨境收付的分析、监测、评估以及宏观调控决策等方面需要。截至2018年末，全国已有424家法人银行机构和港澳清算行接入RCPMIS，系统有效用户69 249个，共计采集数据信息3 378万余条。

（三）跨境现钞调运

2009年以来，跨境人民币现钞业务规模不断增长，银行跨境调运人民币现钞金额由2009年最初的109亿元增长到2018年的1 171亿元，年均增长率达28.9%。

2009年以前，跨境现钞调运业务主要发生在我国香港、澳门地区及蒙古国、越南等毗邻国家。从2010年起，香港清算行依托中银香港代保管库为海外提供人民币现钞或回流人民币现钞，人民币现钞供应回流渠道逐步延伸至全球范围。银行跨境调运人民币现钞业务形成了境外代保管库调运、境外清算行调运和商业银行代理行调运等三种模式。随着境外人民币清算机制安排和调运、提存环境不断优化，海外人民币现钞二级市场不断发展，境外获取人民币现钞日益便利。

三、央行合作成果

（一）双边本币互换

2008年国际金融危机爆发，全球金融体系出现严重的流动性困难，一些贸易和投资伙伴国家希望获得流动性支持。经国务院批准，2008年以来，人民银行先后与38个国家和地区的央行或货币当局签署了双边本币互换协议，总金额超过3.7万亿元。本币互换安排对便利中国与有关国家和地区贸易投资、维护金融稳定、促进人民币国际使用发挥了积极作用。截至2018年末，有效协议30份，总金额3.48万亿元。

（二）人民币清算机制安排

经国务院批准，人民银行先后于2003年和2004年允许香港和澳门的银行为个人人民币业务提供清算机制安排，授权中银香港和中国银行澳门分行分别担任香港和澳门人民币业务清算行。2009年，跨境贸易人民币结算试点启动，港澳人民币清算行业务范围随之拓宽。为顺应境外人民币市场发展及扩大金融市场双向开放的需要，人民银行先后与境外央行或货币当局签署了合作备忘录，在25个国家和地区建立人民币清算机制安排并授权25家当地银行担任人民币清算行，其中中资清算行24家、外资清算行1家。目前，境外人民币清算行已覆盖我国港澳台地区、东南亚、欧洲、南北美洲、大洋洲、中东和非洲。

第二部分

2018年人民币国际使用

2018年，在国内外经济金融形势复杂多变、资本流出压力较大、人民币汇率前升后跌波动加剧的背景下，人民币跨境收付保持了较快增长，跨境收付占本外币跨境收付比例创历史新高，收支总体平衡，呈小幅净流入态势。

全年，人民币国际使用呈现主要特点如下：一是经常项目收付金额同比回升，货物贸易汇出净额收窄，服务贸易收付金额增幅较大，服务贸易和收益汇出净额扩大。二是金融市场开放不断加深，资本项目收付金额首次达到经常项目收付金额的两倍，其中证券投资增长显著，直接投资银行间债券市场（CIBM）吸引外资净流入金额居首位。三是离岸人民币市场保持平稳发展，在岸人民币汇率对离岸人民币汇率引领作用明显，离岸与在岸市场联动性逐步增强，广度和深度继续拓展。

一、跨境使用总体情况

2018年，人民币跨境收付金额合计15.85万亿元，同比增长46.3%。其中收款8万亿元，同比增长51.6%，付款7.85万亿元，同比增长41.3%，收付比为1：0.98，净流入1 544亿元，2017年为净流出2 765亿元。人民币跨境收付占同期本外币跨境收付总金额的比重为32.6%，创历史新高，较上年提高约7个百分点。人民币已连续8年成为中国第二大国际支付货币。根据SWIFT数据，截至2018年末，人民币为全球第五大支付货币，占全球所有货币支付金额比重为2.07%，较2017年同期的1.61%有所上升，排名仅次于美元、欧元、英镑及日元。离岸市场79%的收付发生在香港地区。

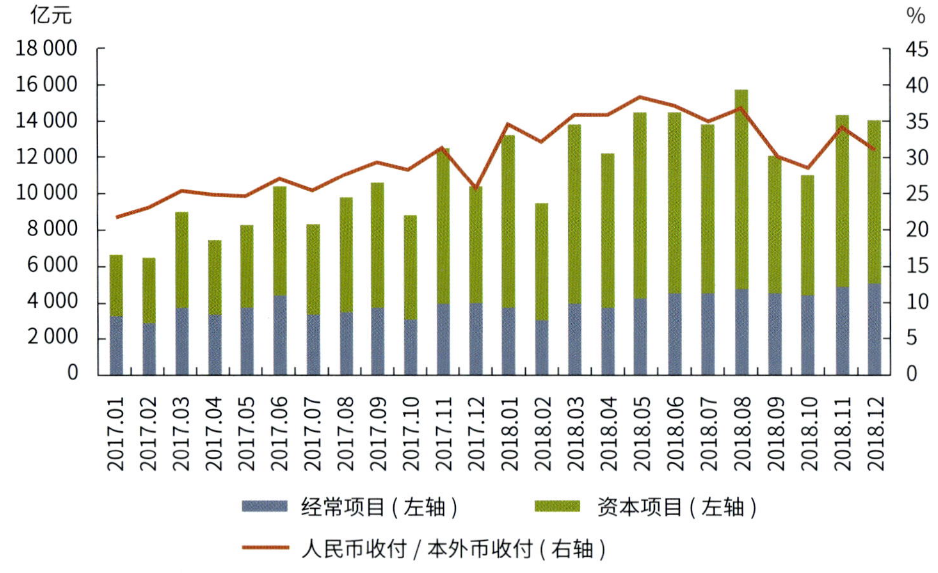

数据来源：中国人民银行。

图2-1　2017～2018年人民币跨境收付月度图

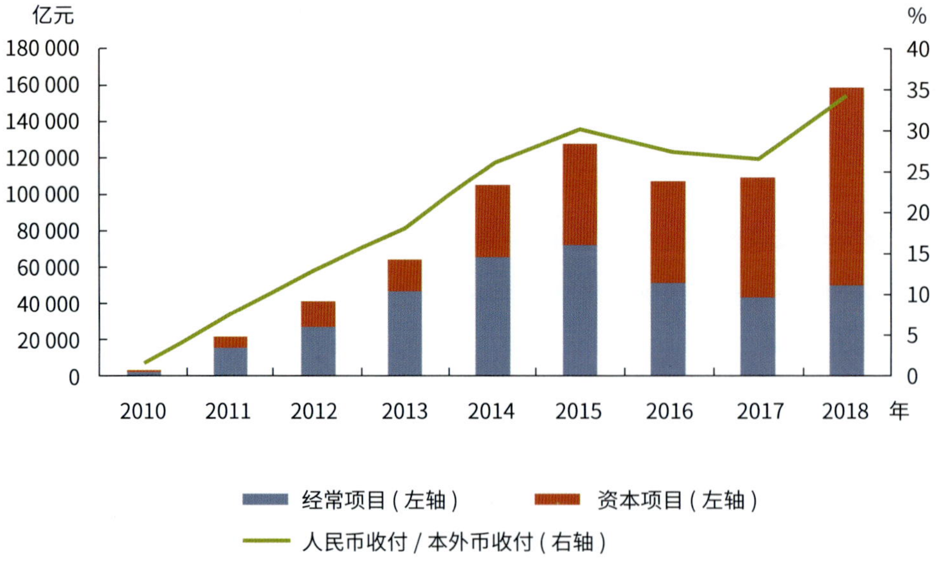

数据来源：中国人民银行。

图2-2　2010～2018年人民币占本外币跨境收付比例

上海、北京、深圳三地人民币跨境收付量位列全国前三。2018年，上海、北京、深圳人民币跨境收付总金额占全国人民币跨境收付总金额的比重分别为45.8%、14.1%和10.3%。2018年，全国共有9个省（自治区、直辖市）人民币跨境收付金额超过2 000亿元，同比增加2个。8个边境省、自治区的收付金额合计约4 718亿元，同比增长17.6%。

表2-1　2018年分地区人民币跨境收付情况

单位：亿元

序　号	地　区	经常项目	资本和金融项目	合　计	占　比（%）
1	上海	11 333.0	61 320.6	72 653.6	45.8
2	北京	6 973.6	15 339.9	22 313.4	14.1
3	深圳	6 775.9	9 627.1	16 403.0	10.3
4	广东(不含深圳)	7 717.6	7 562.0	15 279.6	9.6
5	江苏	4 004.8	2 255.4	6 260.2	3.9
6	浙江	3 252.4	2 025.6	5 278.0	3.3
7	福建	532.3	1 840.4	2 372.7	1.5
8	其他地区	10 479.2	7 495.1	17 974.2	11.3
	合计	51 068.7	107 466.2	158 534.9	100.0

数据来源：中国人民银行。

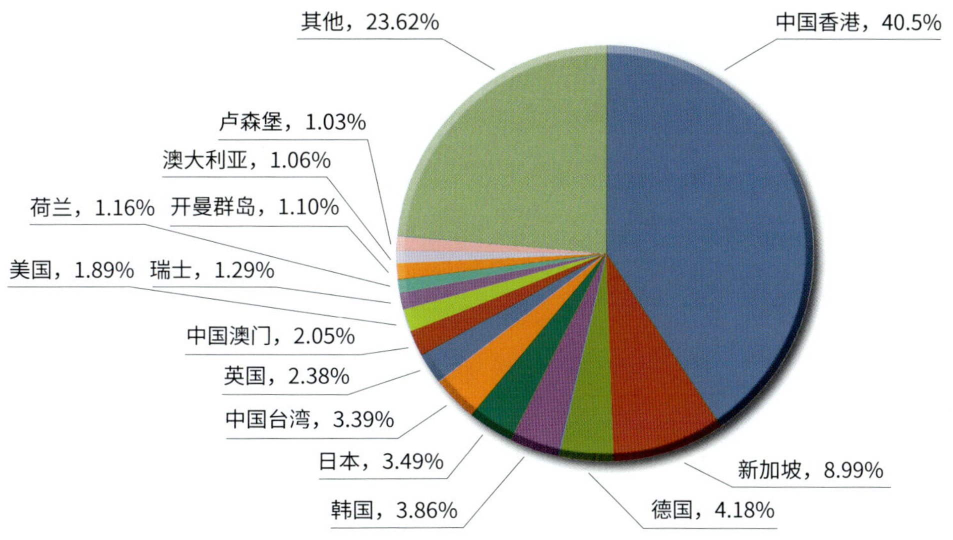

数据来源：中国人民银行。

图2-3　2018年人民币跨境收付金额国别和地区分布情况

2018年，与我国香港地区的人民币跨境收付金额占比为40.5%，之后分别是新加坡占比9%、德国占比4.2%、韩国占比近4%。新加坡、韩国、英国、瑞士、荷兰、卢森堡以及我国台湾和澳门等国家和地区的收付金额占比较2017年均有大幅上升。

2018年，中国与“一带一路”沿线国家办理人民币跨境收付金额超过2.07万亿元，占同期人民币跨境收付总额的13.1%，其中货物贸易收付金额6 134亿元，直接投资收付金额2 244亿元，其他投资收付金额3 331亿元，跨境融资收付金额3 132亿元。截至2018年末，中国与21个“一带一路”沿线国家签署了本币互换协议，在8个“一带一路”沿线国家建立了人民币清算机制安排，有6个“一带一路”沿线国家获RQFII试点，人民币与9个“一带一路”沿线国家货币实现直接交易、与3个沿线国家货币实现区域交易。

专栏一　周边国家人民币使用发展

2018年，中国与周边国家跨境人民币结算金额约为3.1万亿元，同比增长46.3%，高于同期全国跨境人民币结算额增幅，其中经常项目人民币跨境收付金额合计1.1万亿元，同比增长13%，直接投资项下人民币跨境收付金额合计2 828亿元，同比增长68.1%。贸易和投资跨境人民币结算量占跨境人民币收付总量的比重达40%以上。其中与尼泊尔跨境人民币结算额同比增长9倍，与白俄罗斯增长7倍，与新加坡、韩国、俄罗斯、泰国等13个国家增长均超过50%。俄罗斯、新加坡、韩国、泰国、柬埔寨等15个国家央行已将人民币资产纳入其外汇储备。

目前，人民银行已在6个周边国家建立了人民币清算机制。与越南、哈萨克斯坦等9个周边国家签署了双边本币结算协定，与蒙古国、日本等14个周边国家签署了双边本币互换协议。

2018年2月，人民币对泰铢区域交易推广至全国银行间外汇市场。9月，人民币对哈萨克斯坦坚戈直接报价交易和跨境平盘机制启动，引入首批境外银行加入银行间外汇市场区域交易，初步形成人民币对坚戈银行柜台挂牌为基础、银行间外汇市场区域交易为支撑的挂牌交易体系。

此外，中国于2018年陆续推出了“口岸互联互通信息服务平台”“中国（新疆）—丝路货币区域交易信息平台”，开发完成了境外边民银行账户服务平台，大幅提高了边民参与互市贸易的能力。

2018年，中国建立了中老双边本外币现钞陆路调运通道，新设了“磨憨—磨丁”滇老调运线路，开通了对俄陆路跨境人民币现钞调运渠道，完成了首笔坚戈现钞调运。

人民币在周边国家使用有利于促进中国与周边国家经贸往来，将中国发展成果更多惠及周边，推动形成中国全面开放的新格局。

二、经常项目收付

2018年，经常项目人民币跨境收付金额合计5.11万亿元，同比增长19%，其中收入2.06万亿元，同比增长19%，支出3.05万亿元，同比增长17%，净支出约0.99万亿元，同比增长14%。2018年，经常项目人民币跨境收付占同期本外币跨境收付的比例为14%，较2017年提高1个百分点。

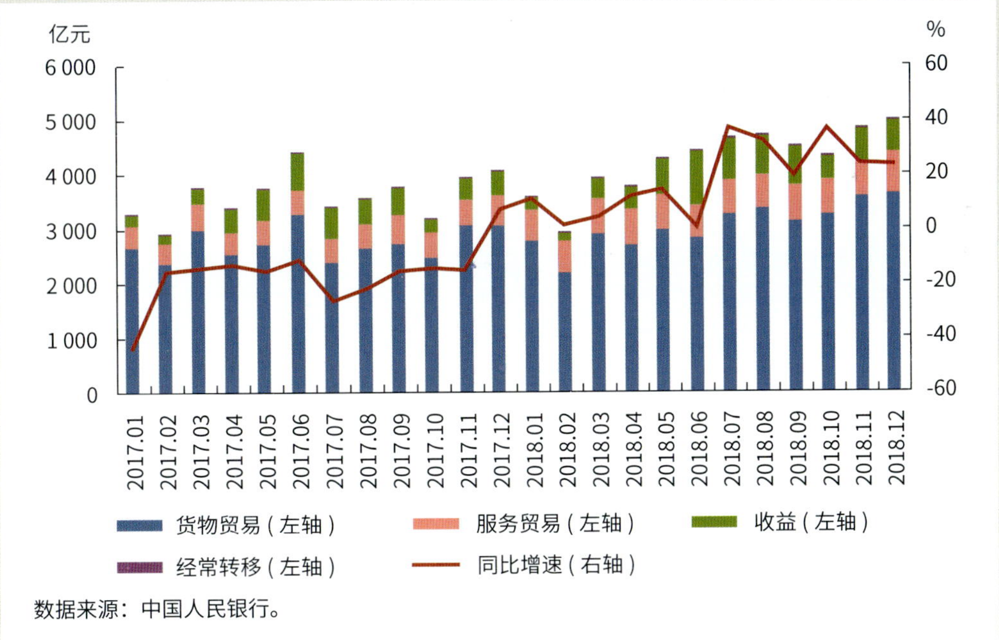

图2-4　2017～2018年经常项目人民币跨境收付

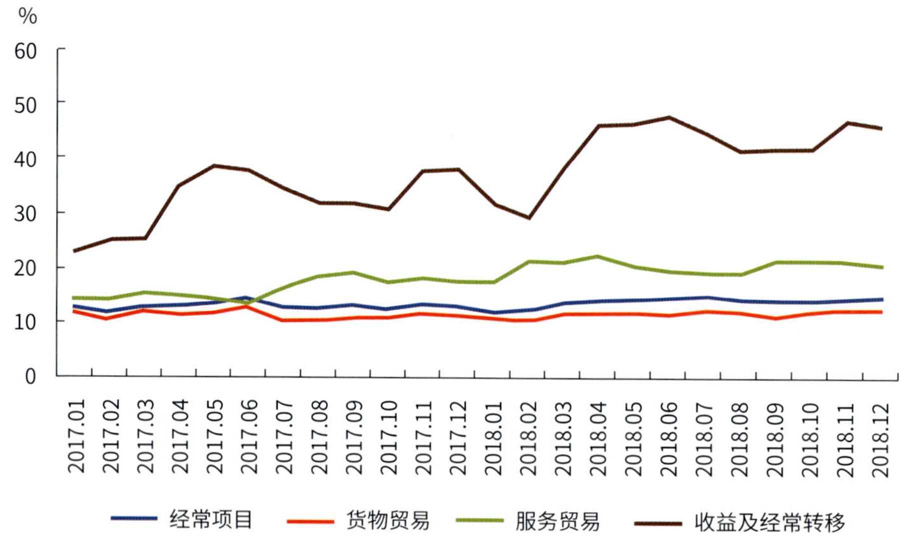

数据来源：中国人民银行。

图2-5　2017～2018年经常项目人民币占本外币跨境收付比例

（一）货物贸易

2018年，货物贸易人民币跨境收付金额合计3.66万亿元，同比上升13.2%，占同期本外币跨境收付比重为11.7%，较上年提高0.3个百分点。货物贸易项下人民币资金净流出3 962亿元，同比下降15%。其中，一般贸易人民币跨境收付金额合计2.21万亿元，与上年基本持平，离岸转手买卖、进料加工贸易人民币结算同比分别下降71.7%和31%。随着跨境人民币业务管理的不断完善，离岸转手买卖跨境人民币收付大幅下降，从2015年最高的1.88万亿元下降到2018年的1 000多亿元，货物贸易跨境人民币业务更加健康发展。

（二）服务贸易

2018年，服务贸易人民币跨境收付金额合计7 688亿元，同比增长32.9%，占同期本外币跨境收付比重为20.4%，较上年提高4.4个百分点。服务贸易项下人民币资金净流出933亿元，同比增加909亿元。服务贸易跨境收付主要集中于境外酒店、机票、学费、旅游及计算机服务等项目。其中，服务贸易项下第三方支付公司人民币跨境收付金额合计1 790亿元，同比增长171.8%。

（三）收益和经常转移

2018年，收益项下人民币跨境收付金额合计6 515亿元，同比增长32%，经常转移项下人民币跨境收付金额合计294亿元，同比增长23%。收益及经常转移人民币跨境收付占同期本外币跨境收付比重为43.4%，较上年提高10.2个百分点。收益项下人民币资金净流出5 150亿元，同比增长27%，经常转移项下净回流244亿元，同比增长74%。

专栏二　跨国企业更多选择人民币进行跨境收付

随着中国综合国力的提升，中国在跨国企业全球布局中占据越来越重要的位置。以上海为例，目前已有83家世界500强企业在上海设立了区域总部级机构，承担在中国的资金管理、采购、销售、结算等多项职能。2018年，在沪跨国企业共发生跨境人民币收付1 742亿元，占同期本外币跨境收付的比重为54%，跨境人民币结算量首次超过外汇结算量。其中，人民币跨境收付占比超过90%的有20家。多家跨国企业已考虑与中国相关的跨境业务全部使用人民币结算。

跨境人民币业务为跨国企业带来了实实在在的好处：一是有利于规避汇率风险，降低兑换成本。二是有利于减少供应链运营成本，促进上下游企业聚焦主业。三是有利于提高跨境资金结算效率，减少“脚底成本”。四是有利于提升跨国企业中国总部的话语权。许多在华跨国企业积极向母公司争取，将与中国相关的业务使用人民币结算，把集团的全球人民币资产移交境内公司集中运营管理。

2018年以来，人民币汇率呈现一定波动，但跨国企业未因此减少人民币跨境使用，这显示出跨国企业使用人民币跨境收付已经形成一定路径依赖。调查显示，跨国企业希望继续维护当前良好的营商环境，保持跨境人民币政策的稳定性和连续性，进一步提高政策便利度，提升人民币可兑换、可自由使用程度。

三、资本项目收付

2018年，资本项目下人民币跨境收付金额合计10.75万亿元，同比增长65%，其中收入5.94万亿元，支出4.81万亿元，净收入1.13万亿元，直接投资、证券投资、跨境融资净流入分别占资本项目净流入的21.7%、69.3%和7.6%。

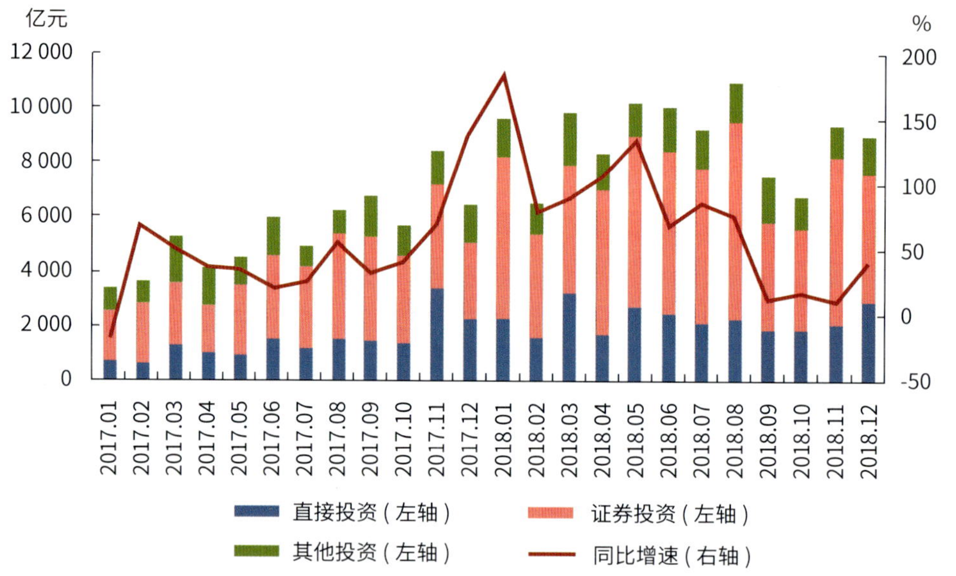

数据来源：中国人民银行。

图2-6　2017～2018年资本项目人民币跨境收付

（一）直接投资

2018年，直接投资项下人民币跨境收付金额合计2.66万亿元，同比增长61.1%，占本外币跨境收付的比重为59.5%，同比提高10.2个百分点，净流入2 464亿元，同比增长51%。2018年，对外直接投资人民币跨境收付金额8 048亿元，同比增长76.2%，全年资本金流出530亿元，流入118亿元，净流出412亿元。2018年，外商直接投资人民币跨境收付金额1.86万亿元，同比增长57.5%，全年资本金流入2 874亿元，流出1 316亿元，净流入1 558亿元。

（二）跨境人民币资金池

截至2018年末，全国共设立跨境人民币资金池1 253个，全年跨境人民币资金池业务流出8 047亿元，流入8 721亿元，合计1.68万亿元，同比增长57%，净流入673亿元。

（三）“熊猫债”

截至2018年末，“熊猫债”发债主体已涵盖国际开发机构、外国政府、境外非金融企业、金融机构等，累计注册/核准额度6 623亿元，累计发行规模超过3 147亿元。2018年全年，“熊猫债”新发行规模近747亿元，较上年增长23.8%。

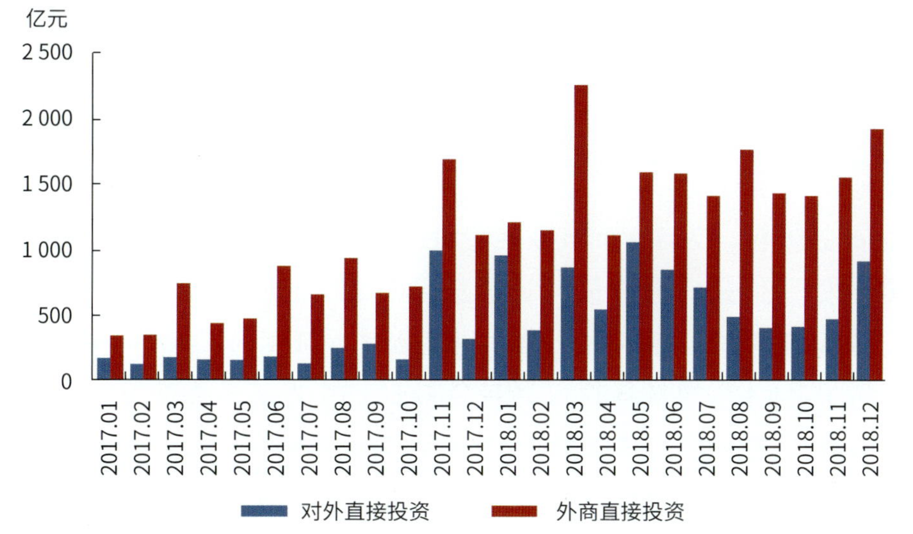

数据来源：中国人民银行。

图2-7　2017～2018年直接投资人民币跨境收付月度情况

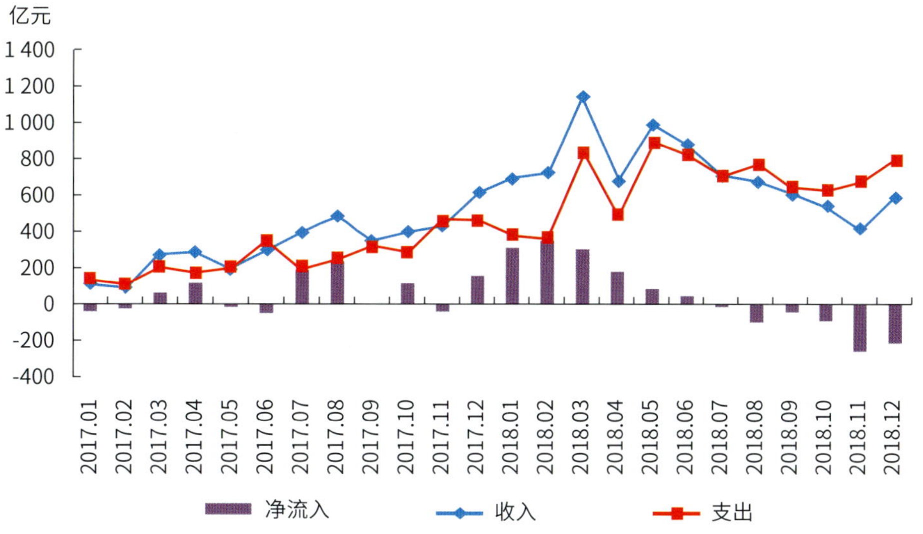

数据来源：中国人民银行。

图2-8　2017～2018年跨境人民币资金池业务收付月度情况

专栏三 “熊猫债”受到市场欢迎

2018年以来，随着中国金融市场双向开放步伐的不断加快，“熊猫债”市场受到国际市场广泛关注，发债主体类型进一步扩展，发债规模也实现了大幅增长。

从发债主体看，2018年非金融企业“熊猫债”增长最快，共有16个发债主体累计发行36只“熊猫债”，规模合计627亿元，发行规模较上年增长191.6%。外国政府类“熊猫债”包括菲律宾、阿联酋和匈牙利等3个主权发债主体发行3只主权“熊猫债”，发行规模近55亿元。截至2018年末，已有波兰、匈牙利、菲律宾、阿联酋、加拿大、韩国等6个主权发债主体发行8只主权“熊猫债”，发行规模近165亿元。其中菲律宾、阿联酋为2018年首次进入中国发债。金融机构“熊猫债”共有包括日本三菱日联银行、日本瑞穗银行、农银国际和中银投4个发债主体发行4只“熊猫债”，发行规模合计65亿元。总体来看，2018年非金融企业发债主体发行规模最大，占比84%，金融机构和外国政府类占比分别为8.7%和7.3%。

随着“熊猫债”市场发展，投资主体参与积极性逐步提升。2018年，市场参与“熊猫债”投资的机构类型增多，农村商业银行及城市商业银行逐

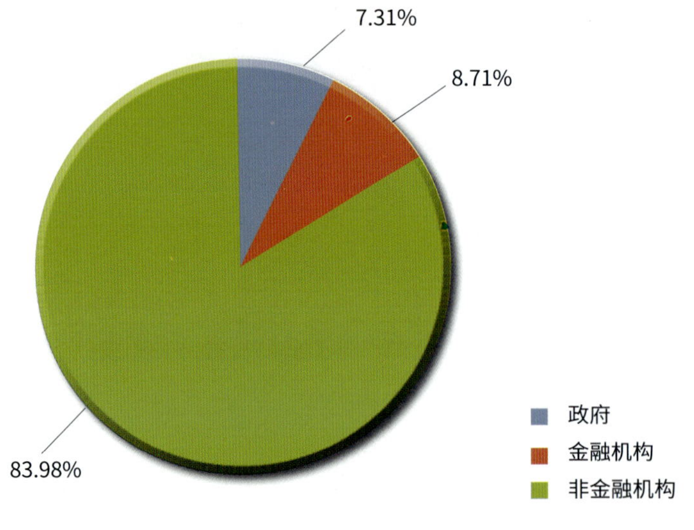

数据来源：中国人民银行。

图2-9 2018年“熊猫债”发行机构分布

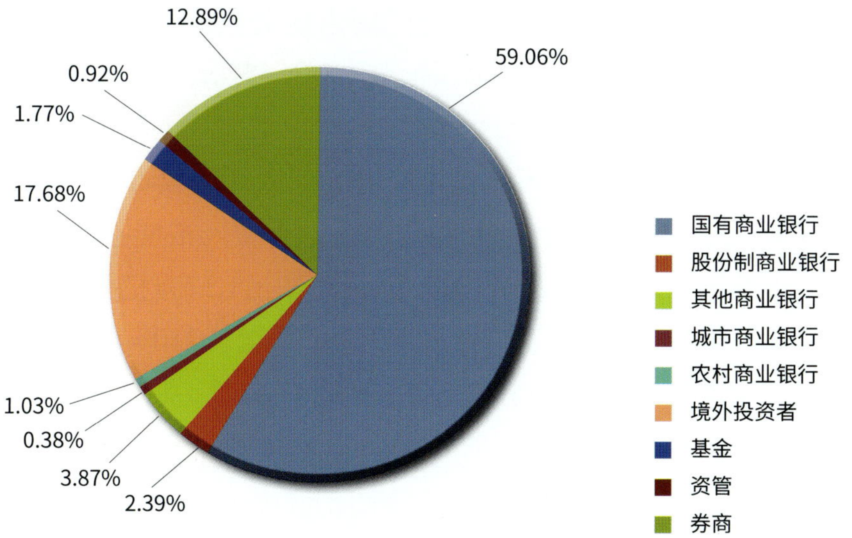

数据来源：中国人民银行。

图2-10　2018年“熊猫债”投资机构结构

步参与“熊猫债”投资。境外商业银行的境内机构，如汇丰中国、三菱日联中国、瑞穗中国等参与投资规模明显增长。2018年外资商业银行合计投资超过13亿元，投资规模为2017年的3倍。境外投资主体认购热情升温，在近年的“熊猫债”发行中，多只债券被境外投资主体认购，在匈牙利、加拿大及菲律宾的“熊猫债”项目中，境外投资主体获配量占比分别达55%、73%和88%，包括主权财富基金、境外央行在内的境外投资主体均有参与。“熊猫债”已成为中国债券市场连接境外发债主体、投资主体的重要纽带。

2018年9月，人民银行和财政部联合下发《全国银行间债券市场境外机构债券发行管理暂行办法》（中国人民银行　财政部公告〔2018〕第16号），系统规范了四类境外机构在中国发债的基本原则，并从“熊猫债”的发行审批、登记托管结算流程、信息披露等方面进行了规范，明确了市场普遍关注的会计准则和审计监管等问题。办法的实施对“熊猫债”市场的健康规范发展具有重要意义。随着人民币国际化进程的推进和中国债券市场对外开放的深化，后续将有更多的发债主体和投资主体进入中国债券市场，“熊猫债”市场将迎来更大的发展空间。

（四）跨境证券投资

2018年，境外投资主体配置人民币资产需求显著增加，证券投资人民币跨境收付合计6.38万亿元，同比增长83.6%，净流入7 863亿元，同比增长171%，对资本项目增速贡献最大。

债券投资。2018年，共计1 186家境外机构进入银行间债券市场，直接入市774家，通过“债券通”入市505家，其中93家为既通过直接入市渠道又通过“债券通”渠道进入银行间债券市场。全年流入2.12万亿元，流出1.52万亿元，净流入6 022亿元。其中“债券通”业务收支金额合计1.03万亿元，增长210%，净流入862亿元，与2017年基本持平；CIBM收支金额合计2.6万亿元，增长117%，净流入5 160亿元，增长125%。

专栏四　中国债券纳入全球重要指数

2018年3月，彭博首次宣布将人民币计价的中国国债和政策性银行债券纳入彭博巴克莱全球综合指数（BBGA），纳入计划将从2019年4月开始，分20个月完成。2019年4月，彭博正式开始将中国债券纳入该指数，人民币债券成为继美元、欧元、日元之后该指数的第四大货币组成部分。这是人民币债券首次纳入全球三大重要债券国际指数。

此外，富时罗素宣布已将中国列入其指数观察国名单，将于2019年9月对外公布是否将中国债券纳入富时世界国债指数。摩根大通也将在2019年夏季的指数管理会议期间征询将中国债券纳入相关指数的反馈意见。

近年来，中国债券市场对外开放持续扩大。截至2018年末，中国债券市场存量规模达86万亿元人民币，其中境外主体持债规模1.71万亿元人民币，同比增长46%。此次中国债券纳入国际主要债券指数，充分反映了国际投资者对于中国经济的信心，也是中国金融市场对外开放取得新进展的体现，将有利于更好地满足国际投资者对人民币资产的配置需求。人民银行将继续完善相关制度规则安排，进一步提高中国债券市场对外开放水平，为国际投资者提供更加友好、便利的投资环境。

“沪深港通”。2018年，“沪深港通”业务跨境收付金额合计8 415亿元，同比增长30%，资金净流入2 093亿元，2017年为净流出1 055亿元。其中，“沪股通”和“深股通”净流入2 833亿元，内地投资者通过“港股通”累计持有香港股票市值5 475亿元，净流出740亿元。

RQFII。截至2018年末，共有19个国家和地区获得RQFII投资额度合计1.94万亿元，205家境外机构备案或申请投资额度合计6 467亿元。2018年，RQFII资金流入总金额1 388亿元，流出总金额1 203亿元，净流入185亿元。2018年5月，经国务院批准，日本获2 000亿元RQFII额度。

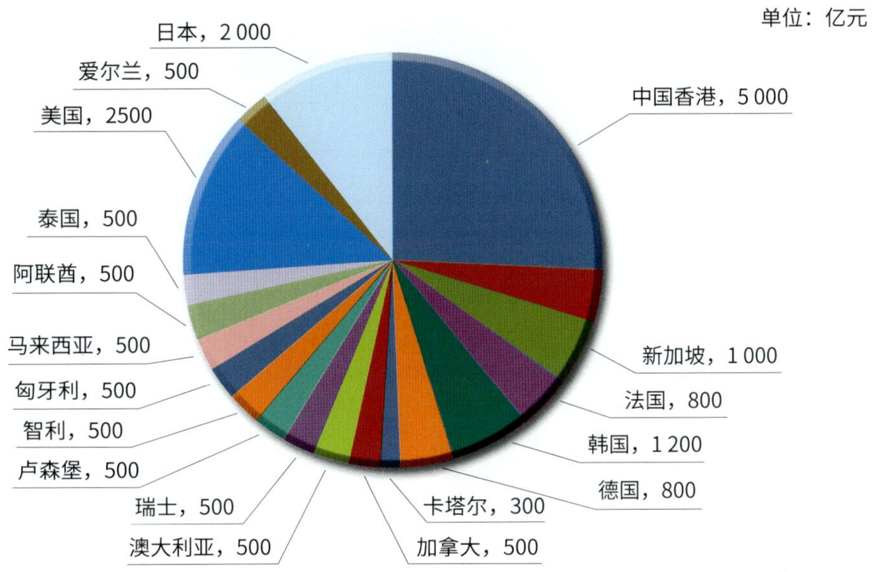

图2-11　2018年末RQFII额度分布

（五）其他投资

2018年，包括跨境融资、项目贷款等的其他投资人民币跨境收付金额合计1.7万亿元，同比增长23.6%，净流入1 040亿元，同比下降19%。

专栏五　境外主体持有境内人民币资产情况

截至2018年末，境外主体持有境内人民币股票、债券、贷款以及存款等金融资产金额合计4.85万亿元，同比增长13.1%。其中，股票市值1.15万亿元，债券托管余额1.71万亿元，存款余额为1.06万亿元（包括同业往来账户存款），贷款余额9 247亿元。

境内金融市场股票和债券成为境外主体增配人民币资产的主要品种。截至2018年末，境外主体持有境内人民币股票和债券规模同比增长27%，其中持有债券托管量占银行间债券市场债券托管总量的2.4%，持有股票市值占A股总流通市值的2.5%。2018年，境外主体新增的境内人民币资产中，债券占比为91%。

表2-2　非居民持有境内人民币金融资产情况

单位：亿元

项　目	2017年12月	2018年3月	2018年6月	2018年9月	2018年12月
股票	11 746.7	12 016.3	12 752.4	12 784.9	11 517.4
债券	11 988.3	13 610.1	16 029.4	17 450.4	17 115.9
贷款	7 390.0	8 417.7	8 243.5	9 242.5	9 246.5
存款	11 734.7	11 377.9	11 841.0	10 363.6	10 591.6
合计	42 859.7	45 422.0	48 866.3	49 841.4	48 471.4

数据来源：中国人民银行。

四、境内人民币外汇交易

截至2018年末，中国境内银行间外汇交易市场交易主体进一步扩展。共有即期市场会员678家，远期、外汇掉期、货币掉期和期权市场会员各212家、207家、175家和124家，即期市场做市商32家，远掉期市场做市商27家。

中国境内银行间外汇交易市场交易活跃，产品结构不断完善，全年人民币外汇成交折合24.8万亿美元，日均成交折合1 018亿美元，同比增长超过20%。其中，人民币外汇即期成交折合7.6万亿美元，同比增长19.3%；人民币外汇掉期交易成交折合16.4万亿美元，同比增长22.7%（隔夜美元掉期成交折合9.2万亿美元，占掉期总成交额的56.1%）；货币掉期成交658亿美元，同比增长15%；远期成交折合875亿美元，同比减少15.3%；人民币期权成交6 111亿美元，同比增长64.6%。

2018年，人民币对非美元外币直接交易平稳发展，即期成交金额1.6万亿元，在银行间外汇市场即期交易中占比为3.2%。2月，银行间外汇市场人民币对泰铢交易方式进一步完善，从区域交易发展为直接交易。9月，银行间外汇市场人民币对哈萨克斯坦坚戈区域交易引入新境外机构参加报价交易，并将交易时间延长。

表2-3　2018年银行间外汇即期市场人民币对各币种交易量

单位：亿元

币种	美元	欧元	日元	港元	英镑	澳大利亚元	新西兰元
交易量	491 907	7 547	2 784	1 920	516	879	196
币种	新加坡元	瑞士法郎	加拿大元	马来西亚林吉特	俄罗斯卢布	南非兰特	韩元
交易量	554	296	581	35	148	6	218
币种	阿联酋迪拉姆	沙特里亚尔	匈牙利福林	波兰兹罗提	丹麦克朗	瑞典克朗	挪威克朗
交易量	86	74	4	7	47	100	21
币种	土耳其里拉	墨西哥比索	泰铢	越南盾	哈萨克斯坦坚戈（区域交易）	柬埔寨瑞尔（区域交易）	蒙古图格里克（区域交易）
交易量	2	4	181	0.008	0.025	0.006	0.08

数据来源：中国外汇交易中心。

五、人民币计价大宗商品

（一）原油期货合约在上海期货交易所挂牌并运行

2018年3月，以人民币计价的原油期货在上海期货交易所子公司——上海国际能源交易中心（INE）挂牌交易，同时引入境外交易者。交易品种主要是中质含硫原油，包括杜拜原油、上扎库姆原油、阿曼原油、卡塔尔海洋油、也门马西拉原油、伊拉克巴士拉轻油，以及国产的胜利原油7个可交割油种。交易单位为1 000桶/手。交易时间主要是上午9:00～11:30、下午13:30～15:00，晚上21:00到第二天2:30。目前，交割方式为现货交割，交易安排为净价交易，保税交割。净价交易是指计价不含关税和增值税，保税交割是指依托保税油库进行实物交割。目前，对INE原油期货交易暂免增值税。

（二）大连商品交易所铁矿石期货引入境外交易者

铁矿石是继原油之后世界第二大贸易额、中国第一大进口量商品。2013年10月，中国铁矿石期货上市，参与者为境内交易者，以人民币计价结算。目前大连商品交易所的铁矿石期货市场已发展成为全球最大的铁矿石期货市场，对国内钢厂锁定利润、稳定经营具有重要意义。为进一步推动期货市场对外开放，更好地服务实体经济，2018年5月，铁矿石作为特定品种期货，正式引入境外交易者。境外交易者的交易机制基本参照原油期货。

（三）人民币计价的精对苯二甲酸期货引入境外交易者

精对苯二甲酸（PTA）是重要的大宗纺织原料，中国是全球最大的PTA生产国和消费国，也是PTA上下游产品的主要贸易国。2006年12月，PTA期货上市，参与者为境内交易者。为提高PTA期货价格国际认可度，2018年11月，PTA期货正式引入境外交易者。境外交易者的交易机制与原油期货保持一致。

原油、铁矿石和PTA等大宗商品期货交易引入境外交易者是我国扩大对外金融开放的重要举措，有利于提升期货市场服务实体经济的功能，推动人民币成为大宗商品的计价结算货币。境外交易者投资原油、铁矿石和PTA等大宗商品期货，可以使用人民币或美元等作为保证金，截至2019年2月末，折算成人民币计算，境外交易者共汇入保证金57.1亿元，汇出36.9亿元，其中人民币占比分别为59.2%和75.5%，体现了境外交易者对人民币的偏好。

专栏六　INE原油期货交易发展情况

INE原油期货上市以来，市场规模不断扩大。截至2019年2月末，累计成交量（单边，下同）超过3 418万手，累计成交金额近16万亿元，日均持仓2.2万手。INE原油期货日均成交量已超过迪拜商业交易所阿曼原油期货品种，成为亚洲交易量最大的原油期货合约，仅次于美国西得克萨斯中质（WTI）原油期货和英国布伦特（BRENT）原油期货，跻身全球交易量前三。

目前，INE原油期货已经完成我国香港地区、新加坡、英国、韩国、日本等52家境外中介机构的备案，境外交易者来自英国、澳大利亚、瑞士、新加坡、塞浦路斯和塞舌尔等国家及我国香港和台湾地区。随着INE原油期货的稳步发展，预计境外交易者参与数量和程度将逐渐提升。

INE原油期货反映中国石油市场供需关系的功能初步显现。2018年3月，壳牌与联合石化签署原油贸易合同，这是第一笔以INE原油期货价格作为基准价计价交易的进出口现货贸易。10月，联合石化和山东京博石化签署原油贸易合同，这是第一笔以INE原油期货价格作为基准价计价交易的国内现货贸易。国际能源署（IEA）、石油输出国组织（OPEC）等国际机构对INE原油期货高度关注并进行了正面评价。普氏、阿格斯等报价机构已取得上期所授权，在其发布信息产品中增列INE原油期货价格数据，同时增加对上期所可交割油种亚洲到岸价的评估。

六、人民币国际储备货币

根据IMF COFER数据，截至2018年第四季度末，人民币储备规模达2 027.9亿美元，占标明币种构成外汇储备总额的1.89%，排名超过澳大利亚元的1.62%和加拿大元的1.84%，居第6位，这是IMF自2016年开始公布人民币储备资产以来的最高水平。据不完全统计，目前全球已有60多个央行或货币当局将人民币纳入外汇储备。

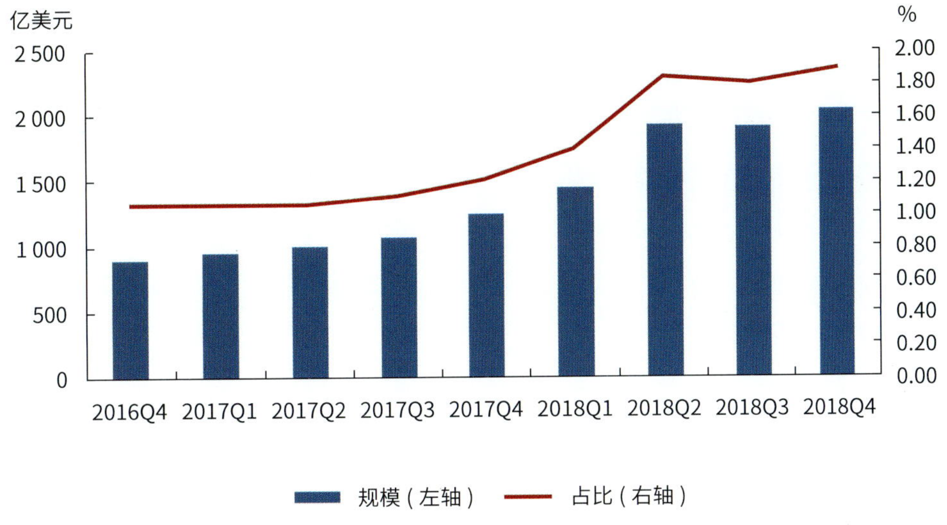

数据来源：国际货币基金组织。

图2-12　2016～2018年人民币在COFER中的规模和占比

七、人民币跨境现钞调运

2018年，人民币跨境现钞调运平稳发展。银行跨境调运人民币现钞业务规模、净调入量稳中有升。年内，银行跨境调运人民币现钞金额总计1 171亿元，同比增长2.2%，其中出境95亿元，入境1 075亿元，人民币现钞净调入980亿元。

海外人民币现钞供应回流业务规模持续下降，由连续三年净存入转为净提取。年内，海外人民币现钞供应回流业务金额总计2.4亿元，同比下降31.5%。其中，海外提取现钞1.9亿元，存入现钞0.5亿元，人民币现钞净提取1.4亿元。

专栏七 海外人民币现钞兑换情况调查

2018年，境外人民币现钞兑换业务量上升较快，但总体规模有限。近年来，随着境内个人出境旅游的不断增加和人民币国际接受程度的明显提升，境外人民币现钞兑换业务量增长较快。2011年至2018年，中国内地居民进出境从1.4亿人次增至5.6亿人次。居民携带人民币现钞在境外兑换、消费，由于人民币现钞在境外流通和贮藏功能有限，多数经兑换后又通过银行体系回流境内。境外人民币现钞兑换业务，主要集中在境内个人出境游较多、现钞兑换需求较大的国家和地区。

从便利性看，周边国家和地区现钞兑换较便利，我国港澳台地区、新加坡、泰国等地开展人民币现钞兑换业务的机构较多，现钞兑换场所覆盖面较全。欧美等国现钞兑换网点有限，如美国仅可在出入境口岸、中心城市的外币现钞兑换机构及大型国际银行进行小额外币现钞兑换。非洲国家开始出现少量现钞兑换业务，南非、纳米比亚等少数非洲国家的标准银行可提供个人人民币现钞兑换服务。

从趋势看，境外人民币现钞兑换业务量将继续保持增长，但总体规模不会太大。目前，银联卡已可以在境外171个国家和地区使用，并可以在境外有银联标识的ATM提取当地货币现钞。伴随中国出境游客规模的快速增长，第三方支付境外业务也在不断增长。相比现钞，非现金支付更加安全便捷，已成为个人境外消费的首选支付方式。

八、人民币跨境支付系统建设

2018年，CIPS共处理各类业务144万笔，金额约26.45万亿元，同比分别增长14.6%和81.7%。日均处理业务5 724笔，金额约1 050亿元。其中，客户汇款业务107万笔，金额4.63万亿元；金融机构汇款业务36万笔，金额21.24万亿元；双边业务4 300笔，金额5 758亿元；批量业务1.5万笔，金额5 700万元。

2018年，CIPS共完成“债券通”资金结算7 478笔，金额8 931亿元。从债券买卖方向看，境外机构买券4 619笔，金额5 598亿元；境外机构卖券2 859笔，金额3 333亿元。从境内托管机构看，中央结算公司托管债券资金结算4 721笔，合计金额4 414亿元，上海清算所托管债券资金结算2 757笔，合计金额4 516亿元。

九、人民币利率和汇率变动

（一）利率变动情况

2018年，境内货币市场人民币利率中枢整体下行，年末略有回升。年末，隔

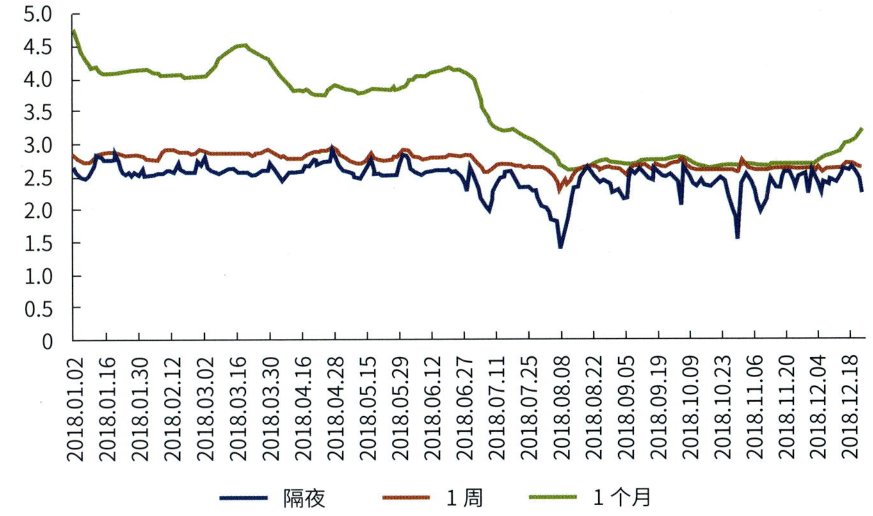

数据来源：中国货币网。

图2-13　2018年上海银行间同业拆放利率走势（1）

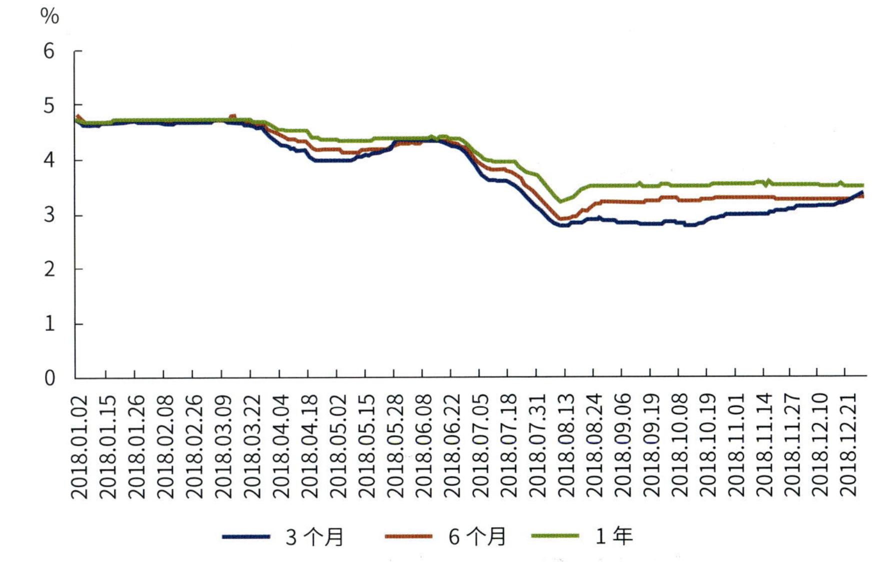

数据来源：中国货币网。

图2-14　2018年上海银行间同业拆放利率走势（2）

夜、1个月、3个月、6个月和1年期上海银行间同业拆放利率（SHIBOR）分别较年初下降10个、127个、146个、153个和123个基点，收于2.55%、3.47%、3.35%、3.3%和3.52%，7天期SHIBOR较年初小幅上升6个基点，收于2.9%。

（二）汇率变动情况

2018年，人民币对一篮子货币总体先升后贬。年末，中国外汇交易中心（CFETS）人民币汇率指数为93.28，较2017年末下跌1.7%。根据国际清算银行（BIS）数据，2005年人民币汇率形成机制改革以来，截至2018年末，人民币名义有效汇率和实际有效汇率分别升值34.3%和45.1%。

2018年，境内人民币汇率双向浮动，弹性显著增强。人民币兑美元等全球主要货币有升有贬，其中人民币兑美元、日元和欧元的中间价分别较2017年末贬值4.8%、6.5%和0.6%，人民币兑英镑中间价较2017年末升值1.2%。

全年，人民币对美元汇率中间价最高为6.2764元，最低为6.9670元，波动幅度达6 906个基点，年化波动率为4.2%，较2017年明显提升。在243个交易日中，104个交易日升值、139个交易日贬值，最大单日升值幅度为0.7%（492点），最大单日贬值幅度为0.9%（605点）。年末，人民币对美元汇率中间价为6.8632元，较上年末贬值4.8%，对美元汇率收盘价为6.8658元，较上年末贬值5.2%。

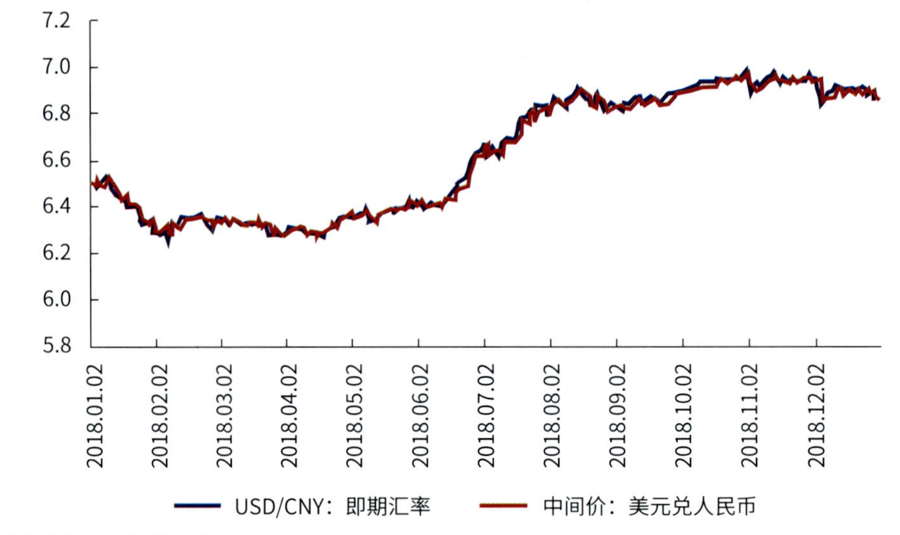

数据来源：万得数据库。

图2-15　2018年境内人民币汇率走势

十、央行合作

（一）双边本币互换

2018年，人民银行与日本银行、尼日利亚央行新签署双边本币互换协议，总金额2 150亿元；与英国、智利、南非、马来西亚、白俄罗斯、印度尼西亚、哈萨克斯坦、巴基斯坦、澳大利亚、乌克兰、阿尔巴尼亚等11国央行续签双边本币互换协议，总金额1.03万亿元。

（二）境外清算机制安排

继2016年与美国联邦储备委员会签署合作备忘录并授权中国银行纽约分行担任人民币清算行后，人民银行于2018年2月授权美国摩根大通银行担任美国人民币清算行。10月，人民银行与日本银行签署合作备忘录，在日本建立人民币清算机制安排，并授权中国银行东京分行担任人民币清算行。11月，人民银行与菲律宾央行签署合作备忘录，在菲律宾建立人民币清算机制安排。此外，人民银行于2018年1月和4月分别与中国银行台北分行、中国工商银行新加坡分行续签《关于人民币业务的清算协议》。

第三部分

政策及相关改革进展

2018年，跨境人民币业务政策实现全覆盖。凡是外币能做的，人民币都能做，而且更为便利。跨境人民币业务管理方式逐步优化，宏观审慎管理不断完善，市场自律规则体系基本形成。在守住风险底线的同时，金融市场开放力度不断加大，投融资业务流程不断优化，境内金融市场风险对冲功能不断强化，汇率形成机制进一步完善，人民币资本项目可兑换程度稳步提升。

一、优化跨境人民币业务政策

2018年1月，人民银行发布《关于进一步完善人民币跨境业务政策促进贸易投资便利化的通知》（银发〔2018〕3号），进一步完善跨境人民币政策：一是明确凡依法可使用外汇结算的跨境交易，企业都可以使用人民币结算。二是满足个人项下雇员报酬、社会福利、赡家款等人民币跨境收付需要，便利境内个人将境外合法收入汇回境内使用，以及境外个人将境内合法人民币收入汇出境外。三是践行绿色发展理念，支持境外投资者以人民币参与境内碳排放权交易。四是便利境外投资者以人民币进行直接投资，优化业务办理流程，取消相关账户开立和资金使用等有关方面的限制，确保境外投资者的人民币利润、股息等投资收益依法自由汇出。五是明确了境内企业境外发行债券、股票募集的人民币资金可按实际需要调回境内使用。至此，人民币跨境使用政策实现全覆盖。

二、推动资本市场双向开放

（一）推动RQDII业务规范健康发展

2018年4月，人民银行发布《关于进一步明确人民币合格境内机构投资者境外证券投资管理有关事项的通知》（银办发〔2018〕81号），进一步规范RQDII境外投资产品、信息报送和宏观审慎管理等要求。

（二）优化“沪深港通”运行机制和香港离岸人民币市场流动性补充机制

2018年5月，人民银行发布《关于进一步完善跨境资金流动管理　支持金融市场开放有关事宜的通知》（银办发〔2018〕96号），将港澳人民币业务清算行存放人民银行清算账户人民币存款的准备金率调整为零；明确“沪深港通”境外投资者可通过香港结算行办理外汇资金兑换和外汇风险对冲业务，并纳入人民币购售业务管理。

（三）完善RQFII境内证券投资管理

2018年6月，人民银行会同外汇局发布《关于人民币合格境外机构投资者境内证券投资管理有关问题的通知》（银发〔2018〕157号），进一步优化RQFII境内投资账户开立和使用管理要求，取消其他产品锁定期，满足外汇风险对冲需求。

（四）完善跨境人民币购售业务管理

2018年6月，人民银行发布《关于完善人民币购售业务管理有关问题的通知》（银发〔2018〕159号），为加强与金融市场互联互通机制的衔接，提高金融服务实体经济能力，将购售业务范围拓宽至经常项目、直接投资和经批准的证券投资等资本和金融项目，交易品种拓展至即期、远期、外汇掉期、货币掉期和期权等；同时，允许境外参加行和境外企业集团集中办理购售业务，进一步提高境外机构办理购售业务的便利性。

（五）规范“熊猫债”发行

2018年9月，人民银行和财政部联合发布《全国银行间债券市场境外机构债券发行管理暂行办法》（中国人民银行　财政部公告〔2018〕第16号），系统规范了“熊猫债”发行审批、登记托管结算流程、信息披露管理，明确市场普遍关注的会计准则和审计监管等问题。

三、完善宏观审慎管理

2018年1月，为引导商业银行审慎管理跨境资金流动风险，人民银行对商业银行人民币跨境账户融资业务引入了逆周期调节系数，根据境内代理行上年末人民币存款余额确定账户融资上限。4月，人民银行完善了跨境人民币资金池管理，对资金池净流入和流出设定宏观审慎调节系数，加强了对资金池主办企业、成员企业和结算银行的管理，强化事中事后管理。同时，人民银行加强对跨境资金流动的日常监测分析预警，督促金融机构做好跨境人民币业务自律管理，促进跨境人民币业务持续健康发展。8月，为防范宏观金融风险，促进金融机构稳健经营，人民银行将远期售汇业务的外汇风险准备金率从0调整为20%，并重启人民币对美元中间价报价“逆周期因子”。

专栏八　完善自律机制取得阶段性成果

2018年8月，全国外汇市场自律机制发布《银行跨境人民币业务操作指引》（以下简称《操作指引》）和《银行跨境人民币业务展业规范》（以下简称《展业规范》），标志较为完备的市场自律规则体系形成，有效推动银行落实“展业三原则”，提升真实性、合规性审核能力。

《操作指引》和《展业规范》基本涵盖了目前所能开展的跨境人民币业务，从业务定义、政策依据、客户识别、客户分类、审核原则、审核及操作要点、风险提示等维度进行业务规范。为更贴近业务实践，便利业务人员操作，每项子规范根据所涉及业务的具体特征进行了细分。

制定跨境人民币业务自律规范有助于银行贯彻落实“展业三原则”，提高真实性、合规性审核能力，防范相关风险，较好地解决了不同银行具体业务操作及审核标准不一、审核尺度不同的问题，有利于规范跨境人民币业务，培育银行审慎展业的意识，推动人民币国际化长远健康发展。

四、完善人民币汇率形成机制

2018年以来，面对错综复杂的外部环境，人民银行坚持以我为主，适当兼顾国际因素，在多目标中把握好综合平衡。第一季度，在美元走弱、跨境资本流动和外汇供求基本平衡的背景下，人民银行发挥市场供求在汇率形成中的决定性作用，逐步推动前期逆周期调控政策回归中性。第二季度以后，人民币汇率有所贬值，人民银行继续稳步深化汇率市场化改革，保持人民币汇率弹性，发挥汇率调节宏观经济和国际收支“自动稳定器”的作用。同时，根据形势变化，采取宏观审慎政策等一系列有针对性措施，包括加强与市场沟通、提高远期售汇风险准备金率、重启中间价报价“逆周期因子”等，并创新和丰富了调控工具箱，引导和稳定市场预期。上述措施释放了积极信号，取得了积极效果。2018年，中国跨境资本流动、汇率预期和外汇市场运行基本平稳，人民币汇率在合理均衡水平上保持基本稳定。

第四部分

离岸人民币市场发展

2018年，离岸人民币市场保持健康平稳发展，市场广度和深度不断增加，离岸在岸人民币市场联动增强。离岸市场对人民币信心增强，投资行为趋于理性，离岸人民币汇率围绕在岸价格变动，各项人民币业务指标回稳向好。“沪深港通”“债券通”机制持续优化，跨境投资渠道进一步疏通，对境内的投资快速增长。离岸市场对优质人民币资产需求增长，香港地区人民币央票发行受到欢迎。

一、离岸人民币利率和汇率变动

（一）利率变动情况

2018年，离岸人民币利率总体回落，与往年相比波动下降，各期限出现分化，短期利率波动持稳，较长期限总体回落。2018年末，人民币香港银行同业拆借利率（HIBOR）隔夜拆借定盘利率为1.73%，较2017年末持平，7天、3个月和1年期利率分别为2.80%、3.58%和3.83%，分别较2017年末下降21个、122个和124个基点。

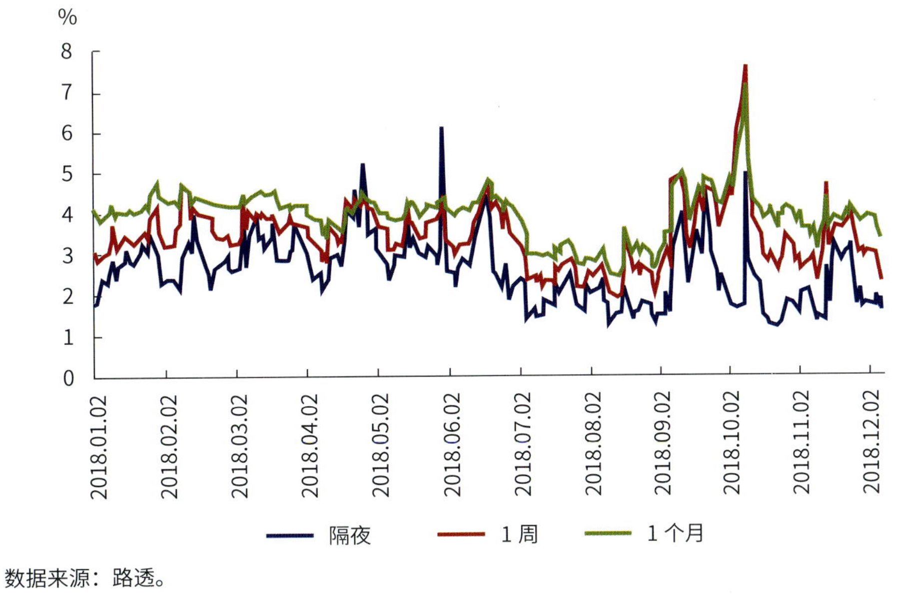

图4-1 2018年香港离岸人民币拆借利率走势（1）

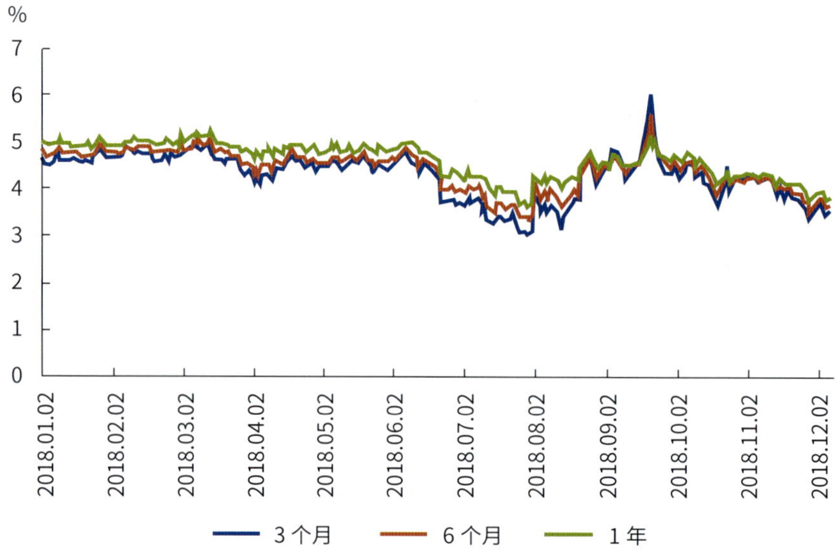

数据来源：路透。

图4-2　2018年香港离岸人民币拆借利率走势（2）

2018年，离岸市场利率水平整体高于在岸市场，HIBOR比SHIBOR平均高0.04个百分点。中美利差收敛，离岸人民币掉期价格整体跟随在岸人民币掉期震荡走低。上半年，1年期离岸在岸人民币掉期价差主要在100～300PIPS区间，8月"债券通""沪深港通"项下资金北上，叠加在岸远期售汇风险准备金率调整，离岸人民币掉期与在岸人民币掉期价差拉宽，HIBOR与SHIBOR利差由上半年的0.39%逆转至下半年的-0.29%，1个月期和3个月期利差则分别由上半年的0.10%和0.14%扩大至下半年的0.76%和0.90%。

（二）汇率变动情况

2018年，离岸人民币汇率双向波动特征显著，与在岸人民币汇率走势基本一致，离岸在岸汇差略有收窄，贬值预期总体回落。2018年，上半年离岸人民币汇率较强势，一度升近6.25水平，下半年离岸人民币汇率走弱，全年报收6.88，即期汇率较上年末贬值5.33%，1年期NDF较年初贬值3.96%，隐含贬值率从年初的1.86%收窄至年末的0.60%，人民币汇率贬值预期回落。离岸人民币汇率围绕在岸市场汇率波动，年内强于或弱于美元人民币中间价的交易日天数大致相同。全年离岸在岸平均汇差为102个基点，较2017年缩小27个基点，日均汇差128个基点，较2017年收窄13个基点。

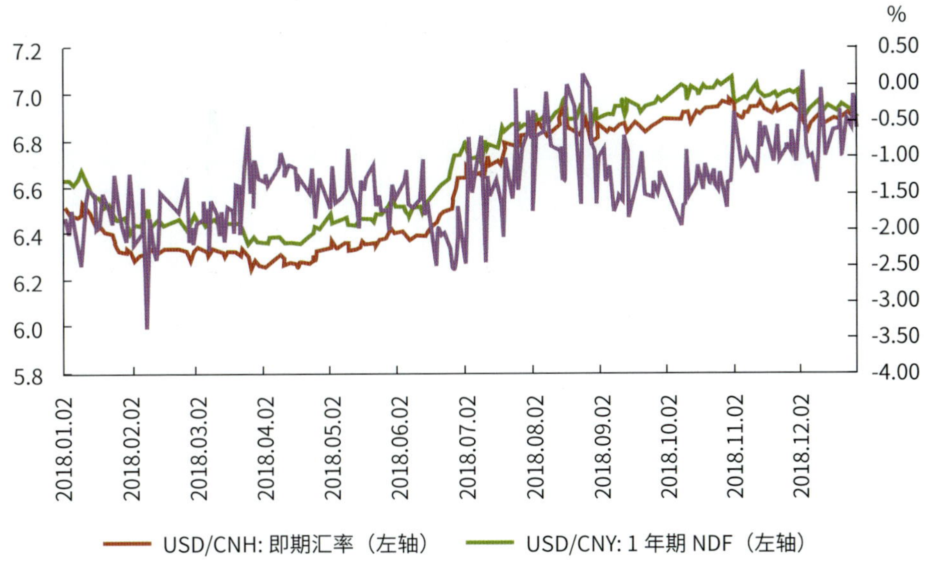

数据来源：路透。

图4-3 2018年香港离岸人民币对美元汇率走势

二、离岸人民币存贷款

据不完全统计，截至2018年末，境外主要离岸市场人民币存款余额超过1.2万亿元（不包括银行同业存款）。其中我国香港地区人民币存款余额为6 150亿元，全球排名第1位，同比上升10%，占香港地区全部存款余额的5.4%，占外币存款的10.8%；我国台湾地区人民币存款余额近3 000亿元，全球排名第2位，同比下降7.4%，占台湾地区全部存款的3.9%，占外币存款的23.2%；英国超过562亿元，新加坡近500亿元，分别位列全球第3位和第4位。

据不完全统计，截至2018年末，境外主要离岸市场人民币贷款余额合计超过3 810亿元。与2017年比较，降幅明显放缓。其中新加坡贷款余额1 109亿元，排名超过我国香港地区居全球第1位，香港地区1 056亿元排名全球第2位，英国贷款余额超过492亿元排名全球第3位。

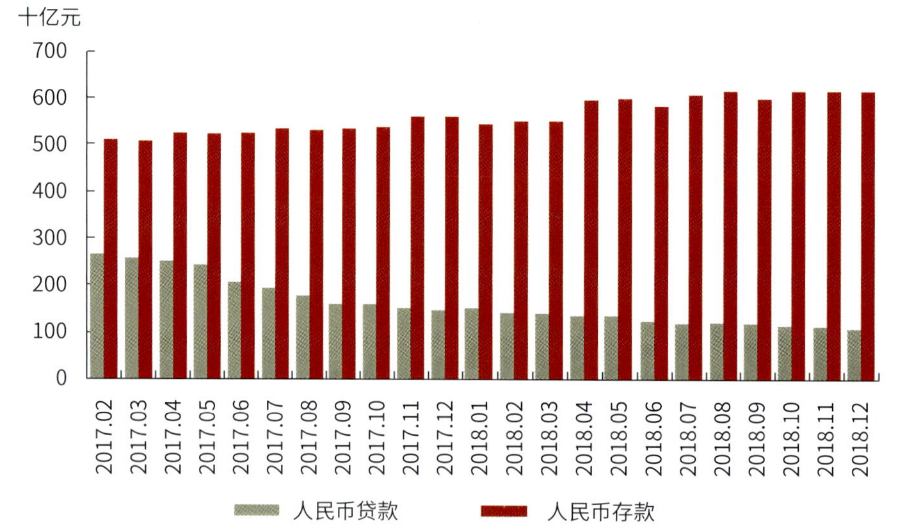

数据来源：香港金融管理局。

图4-4　2017～2018年香港地区人民币存贷款情况

三、离岸人民币证券融资

2018年，离岸人民币债券市场回暖。据不完全统计，已建立清算行的国家和地区2018年当年共发行人民币债券1 719亿元，同比增长115.6%，其中香港人民币债券发行全年为419亿元，比2017年增长近七成。截至2018年12月，已建立清算行的国家和地区人民币债券未偿付余额4 151亿元，同比减少18.5%；人民币大额存单（CD）发行余额1 066亿元，同比增长1 211%；人民币基金发行余额262亿元，同比增长59.1%。

专栏九　在香港发行人民币央行票据

继2015年于伦敦首次海外发行人民币央行票据后，人民银行先后于2018年11月和2019年2月在香港发行人民币央行票据。

2018年9月，人民银行与香港金管局签署合作备忘录，便利人民银行在香港发行央行票据。11月，人民银行通过香港金管局债务工具中央结算系统（CMU）债券投标平台，在香港发行两期共200亿元央行票据，其中3个月和1年期品种各100亿元，中标利率分别为3.79%和4.20%。2019年2月，人民银行再次通过CMU平台在香港发行两期共200亿元央行票据，其中3个月和1年期品种各100亿元，中标利率分别为2.45%和2.80%。发行吸引了涵盖商业银行、基金、投资银行、证券、央行、国际金融组织等众多机构投资者类型，两次认购倍数均超过6倍。

香港人民币央行票据发行获得离岸市场投资者欢迎和积极认购，符合市场需求，丰富了香港高信用等级人民币投资产品和人民币流动性管理工具，有利于完善香港人民币债券收益率曲线，有助于推动人民币国际使用。

四、全球人民币外汇交易

2018年，全球人民币外汇交易稳步增加。根据BIS 2016年4月发布的最新数据（三年一次），全球交易最活跃货币中人民币排名第8位，在新兴市场国家货币中排名第一。全球人民币日均交易量从2013年的1 200亿美元增至2 020亿美元，交易量占全球外汇市场份额从2013年的2%上升至4%。人民币交易增长主要来自人民币对美元交易增长，95%的人民币对外币交易由人民币对美元构成，对美元交易量从2013年的全球第9位增至第6位，日均交易量从2013年的1 130亿美元增至1 920亿美元。根据SWIFT数据，人民币是全球外汇市场最活跃的货币之一。目前英国、我国香港地区、美国和新加坡人民币外汇交易金额分别排在离岸市场前四位，合计占离岸人民币外汇交易金额超过八成。

2018年，离岸人民币计价的权益类投资产品更加丰富，场外交易（OTC）产品包括即期、远期、掉期、货币掉期、无本金交割远期（NDFs）、期权、期货、人民币交易型开放式指数基金（ETF）、人民币房地产投资信托（REIT），交投活跃。离岸人民币交易所市场主要在新加坡以及我国香港和台湾地区，提供人民币兑美元期货和标准化人民币兑美元期权产品。2018年，港交所人民币兑美元期货日均成交7 135张合约，同比增长138%；人民币兑美元期权日均成交122张合约，较2017年增长125%。截至2018年12月末，人民币兑美元期货未平仓合约超过3万张，人民币兑美元期权未平仓合约5 625张。各种货币兑人民币期货年内均创日成交量新高。

五、离岸人民币清算

截至2018年末，境外清算行人民币清算量合计 316.61万亿元，同比增长

11%。其中，代客清算量29.41万亿元，同比增长8.3%；银行同业清算量287.2万亿元，同比增长11.2%。截至2018年末，在境外清算行开立清算账户的参加行及其他机构数目达886个，同比增长3.1%。2018年，香港人民币实时支付结算系统（RTGS）处理的清算金额达241万亿元，同比增长11.8%，达到历史最高水平。

专栏十　香港以外其他主要离岸市场发展情况

英国。根据SWIFT数据，伦敦是全球最大的人民币外汇交易中心，是除香港地区以外使用人民币最多的市场，也是离岸人民币债券发行和交易最活跃的市场之一。伦敦人民币外汇交易包括即期、远期、掉期、期权。根据英格兰银行信息，2018年12月末，伦敦人民币外汇交易金额占全球总金额的36.1%，比第二名的香港高约6.5个百分点，日均人民币外汇交易规模达766亿英镑。截至2018年末，伦敦市场未到期的人民币债券共计114只，规模达336亿元。2018年当年，伦敦证券交易所新发行人民币债券42只，总规模125亿元，发行主体和发行数量均比2017年有显著增长。

新加坡。2018年，新加坡与中国跨境收付金额超过1.4万亿元，仅次于我国香港地区。根据SWIFT统计，新加坡是除香港地区以外使用人民币第二

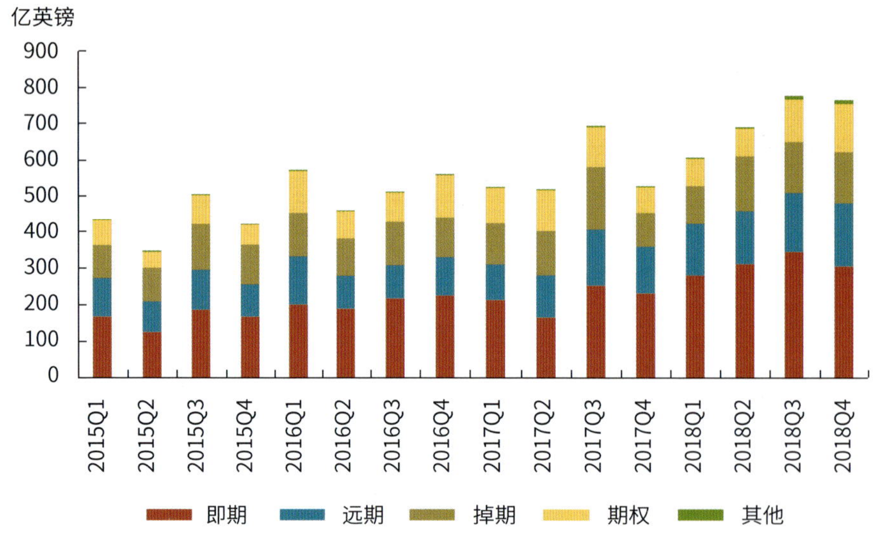

数据来源：英格兰银行。

图4-5　2015～2018年伦敦离岸人民币日均外汇交易

多的市场，外汇及衍生品市场活跃，也是离岸人民币债券发行和交易最活跃的市场之一。新加坡交易所（SGX）可交易人民币期货和证券两个品种。截至2018年末，新交所人民币外汇期货交易5 300亿美元。在人民币证券方面，新交所可提供上市、报价、交易、清算及结算服务，并通过双币种报价机制为投资者在人民币、新加坡元及其他外币间交易提供便利。截至2018年末，未到期人民币债券87只，规模476亿元。2018年当年，新加坡市场新发行人民币债券35只，规模206亿元。

美国。根据SWIFT数据，2018年，美国人民币外汇交易量在全球排名第三位，市场份额为8.5%，仅次于英国和我国香港地区。2018年2月，美国摩根大通银行被人民银行授权担任美国人民币清算行，成为第一家被授权的外资人民币清算行。

卢森堡。卢森堡在全球人民币投融资中日益发挥重要作用。根据卢森堡央行信息，2018年，卢森堡证交所上市的人民币债券占全球市场份额的26%，已超越香港市场成为全球最大的离岸人民币债券发行中心。卢森堡还是全球第一大投资中国基金注册地，超过29%投资中国市场的投资基金选择注册在卢森堡，人民币计价的投资基金管理规模超过3 300亿元，约78%投资于中国的欧洲基金注册在卢森堡。

德国。2018年，德国与中国跨境人民币收付金额近6 630亿元，仅次于我国香港地区和新加坡。德国实体企业特别是与中国有贸易往来的大中型跨国企业对人民币接受程度较高，较早开始持有和投资人民币产品，其中包括集团内人民币计价结算、发行“熊猫债”和境外人民币债券、搭建跨境人民币资金池等。

韩国。2018年，韩国与中国跨境人民币结算金额超过6 115亿元，仅次于我国香港地区、新加坡和德国。2014年末，韩国推出银行间人民币对韩元直接兑换市场，2018年首尔直兑市场日均成交量（单边）约120亿元、2 300笔。韩国外汇市场交易包括人民币即期、远期、掉期、期货。韩国交易所可为人民币计价证券提供上市、报价、交易、清算及结算服务，并通过双币种报价机制为投资者在人民币、韩元及其他外币间交易提供便利。

阿联酋。自2016年当地建立人民币清算机制安排后，阿联酋人民币业务快速增长，同比增长率达144%。根据SWIFT数据，2018年阿联酋人民币业务量合计7 477亿元，居阿拉伯国家之首，占比58%。目前，中阿两国央行间人民币业务合作种类最为齐全，包括RQFII试点、央行双边本币互换协议、在当地建立人民币清算机制安排、两国货币直接交易。为进一步拓展当地及中东地区人民币业务，阿联酋央行于2018年12月联合当地人民币清算行在首都阿布扎比举办人民币专题论坛，取得良好反响。

第五部分

全球主要经济体相关经济金融形势

2018年，全球经济总体延续增长态势但增势放缓，经济增长同步性总体下降。国际贸易增速放缓，国际直接投资下滑，全球金融市场波动加大。除美国等少数经济体外，全球大部分经济体增速回落。根据IMF于2019年4月发布的《世界经济展望》，2018年全球经济增速3.6%，较上年下降0.2个百分点，其中发达经济体增速2.2%，新兴市场和发展中经济体增速4.5%。主要发达经济体继续推进货币政策正常化进程，新兴市场经济体货币政策多数跟随美国收紧或保持中性。

一、美国

2018年，美国经济增长较强劲，通胀水平较上年回升，失业率低位下行，个人消费支出增长加快，全年经济增速2.9%，较上年提高0.7个百分点。货币政策正常化进程继续推进，继续提高联邦基金利率目标区间并持续缩表。受美联储连续加息等因素影响，伦敦同业拆借市场美元LIBOR略有上升，截至12月末，1年期LIBOR为3.0054%，全球美元融资成本和美元流动性收紧。2018年末，美元指数收于96.17，较上年末上涨4.4%。根据IMF最新公布数据，截至2018年第四季度末，全球官方外汇储备资产约为10.73万亿美元，其中美元资产占比为61.7%，已连续三个季度下降。

二、欧元区

2018年，欧元区经济增长放缓，总体物价水平上升，核心通胀相对稳定，失业率持续下降，出口增速下滑，商业乐观情绪减弱，全年经济增速1.8%，较上年下降0.6个百分点。欧央行全年维持主要再融资操作利率、边际贷款便利利率和存款便利利率水平不变，维持资产购买规模不变。受欧央行货币政策收紧预期等因素影响，欧元区同业拆借利率EURIBOR略有上升，截至12月末，1年期EURIBOR为-0.117%。2018年末，欧元收于1.1469美元/欧元，较上年末贬值4.39%。根据IMF最新公布数据，截至2018年第四季度末，全球官方外汇储备资产中欧元资产占比为20.7%，是2014年第四季度以来最高水平。

三、日本

2018年，日本经济波动性增大，通胀预期低迷，劳动力市场接近充分就业，企业涨薪动力不足，全年经济增速0.8%，较上年下降1.1个百分点。日本银行继续实施收益率曲线管理下的量化和质化宽松货币政策，维持部分超额准备金利率不变，并维持资产购买规模不变。2018年末，日元收于109.56日元/美元，较上年末升值2.84%。根据IMF最新公布数据，截至2018年第四季度末，全球官方外汇储备资产中日元资产占比为5.2%。

四、英国

2018年，英国经济低速增长，通胀水平下降，劳动力市场趋紧，就业率升至历史新高，全年经济增速1.4%，较上年下降0.4个百分点。英格兰银行上调了基准利率并维持购买规模不变。2018年末，英镑收于1.2757美元/英镑，较上年末贬值5.59%。根据IMF最新公布数据，截至2018年第四季度末，全球官方外汇储备资产中英镑资产占比为4.4%。

五、新兴市场

2018年，新兴市场经济体表现继续分化，部分国家经济减速与通胀高企并存，汇市、股市、债市震荡加大，大规模资本外流再现。印度经济保持较快增长，第二季度GDP同比增长8.2%，第四季度放缓至6.6%。巴西经济增长动能复苏，全年经济增速1.1%。石油等大宗商品价格回升带动俄罗斯经济企稳，通胀得到控制，金融市场波动，全年经济增速2.3%。南非经济在第三季度略有起色，但失业率仍居高不下。阿根廷受金融市场动荡影响，GDP连续收缩。土耳其受经济制裁和货币危机影响经济形势明显恶化。面对全球金融环境收紧及本币贬值压力，印度、菲律宾、印度尼西亚、土耳其、阿根廷、俄罗斯、墨西哥等多国央行选择跟随美国加息或偏中性的货币政策。阿根廷比索、土耳其里拉、巴西雷亚尔、印度卢比对美元较上年末分别贬值50.6%、28.3%、14.7%和8.2%；俄罗斯卢布对美元全年贬值17.3%，墨西哥比索对美元全年基本持平。

专栏十一　更多国家出台人民币结算政策

2018年1月，巴基斯坦央行宣布在七国集团国家货币之外，将人民币纳入贸易项下结算可使用的货币篮子，明确在中巴双边贸易和投资活动中，公共和私人部门均可选择使用人民币，并将人民币指定为唯一可进行远期套期保值的避险货币。这一举措促使当地银行纷纷寻求启动人民币业务。

2018年4月，人民银行和尼日利亚央行签署本币互换协议，尼央行允许本国进口商在进口中国机械设备等商品时使用人民币结算，并以购售形式定期向当地商业银行提供人民币流动性，满足当地市场的人民币资金需求。为此，尼央行专门制定了《人民币授权交易商交易规则》，对人民币使用的购售条件、支付方式、央行干预手段作了详细规定。

2018年8月，越南央行公布《中越边境贸易外汇管理指引》并于10月正式实施。该指引明确中越边贸可使用人民币进行结算，试点范围从原边境线以内20公里扩大至7个边境省份，允许越南边贸企业和个人开立人民币账户，边境银行可开立人民币同业账户开展贸易项下本币结算业务。允许非边境地区银行授权边境地区越南银行代理边贸人民币结算。

2019年1月，缅甸央行公布新的外汇政策，允许持有外汇交易业务牌照的银行使用人民币进行国际结算。外汇交易银行可开立人民币同业账户，贸易和投资项下人民币汇款可通过银行结汇成缅币，客户对外支付也可由银行直接兑换人民币汇出。

第六部分

趋势展望

人民币国际化是市场驱动和水到渠成的市场化过程。过去十年，人民币国际化的功能主要体现在国际支付和结算方面，今后的方向将是使人民币成为可自由使用货币。一是坚持市场驱动。不断消除限制人民币使用的障碍，探索推进更高水平的贸易投资便利化试点。二是继续推动国内金融市场双向开放，进一步便利境外投资者使用人民币投资境内债券和股票。三是引导离岸人民币市场健康发展。提升人民币可自由使用水平，促进离岸与在岸市场良性互动、深度整合。四是完善宏观审慎管理。做好逆周期调节，防范跨境资金流动风险。

一、人民币支付货币功能将继续增强

随着中国涉外贸易投资规模的持续扩大，人民币跨境使用政策实现全覆盖，各项改革不断推进，将有更多的市场主体接受以人民币进行支付结算。“一带一路”倡议逐步落地，将带动沿线国家使用人民币继续稳步增长；随着人民币在更多国家使用障碍的逐步消除，跨境人民币结算有望继续稳定增长；自贸区、粤港澳大湾区将成为使用人民币跨境支付新的增长点。

二、人民币投融资货币功能将不断深化

随着中国金融市场双向开放的广度和深度不断拓展，“沪深港通”“债券通”等投资国内金融市场渠道的不断完善，粤港澳大湾区金融市场互联互通的有序推进，以及中国债券纳入全球重要指数，境外主体参与境内金融市场交易有望继续快速增长。

三、人民币储备货币功能将继续实现

人民币加入SDR后，人民币国际地位不断提升。中国对外货币合作持续加深，境外央行类机构投资中国金融市场渠道继续拓宽，人民银行和境内金融机构代理服务能力不断增强，各国央行和货币当局持有人民币储备资产的意愿有望明显上升。

四、人民币计价货币功能将有更多发展

人民币在政府涉外统计、核算、管理中的计价职能进一步增强，石油、铁矿石等大宗产品交易以境内期货价格作为定价基准初步显现，发展成熟的期货市场陆续引入境外交易者，人民币的计价货币功能有望进一步增强。

五、继续推动双边货币合作

人民银行将继续稳步推进与全球其他央行或货币当局的货币合作，优化货币合作框架，推动全球主流金融机构更多提供人民币产品和服务，并继续发挥双边货币合作在便利双边贸易和投资、维护金融稳定方面的积极作用。

专栏十二 年度人民币国际使用市场调查

2018年，中国银行对使用人民币的主要国家和地区的3 274家境内外工商企业和94家金融机构进行了市场调查，调查主要结论包括：

一是境内外主体继续保持对人民币国际使用的积极预期。约77%的境内外受访企业预期，人民币的国际货币地位将接近美元、欧元、日元、英镑等国际货币，这一比例较2017年微升1个百分点。其中，50%的境内外受访企业认为人民币将成为与美元、欧元比肩的国际货币，这一比例也达到了历史新高。超过三成的受访境外金融机构认为，人民币的国际货币地位将接近日元和英镑，超过三成的受访境外金融机构预期人民币的国际地位接近美元和欧元，对人民币国际地位持乐观预期的受访境外金融机构合计超过六成。

二是境外金融机构已逐渐将自身的人民币服务从跨境结算、清算、即期兑换等基础产品，扩展到人民币贷款、债券投资、衍生品等领域。调查结果显示，45%的受访境外金融机构能够提供3项或以上的跨境人民币产品或服务，这一比例较2017年的调查结果提升了12个百分点。

三是七成以上受访境内企业反馈，其境外交易对手能够接受人民币计价结算的合同。调研结果显示，18%的受访境内企业反映，即使面临汇率波动，境内企业仍能说服交易对手坚持以人民币作为计价货币，这一比例近三年基本保持稳定。境内受访企业反馈，境内企业议价能力不足、境外人民币来源不足以及人民币投资渠道相对有限，是制约当前人民币计价功能实现的主要因素。

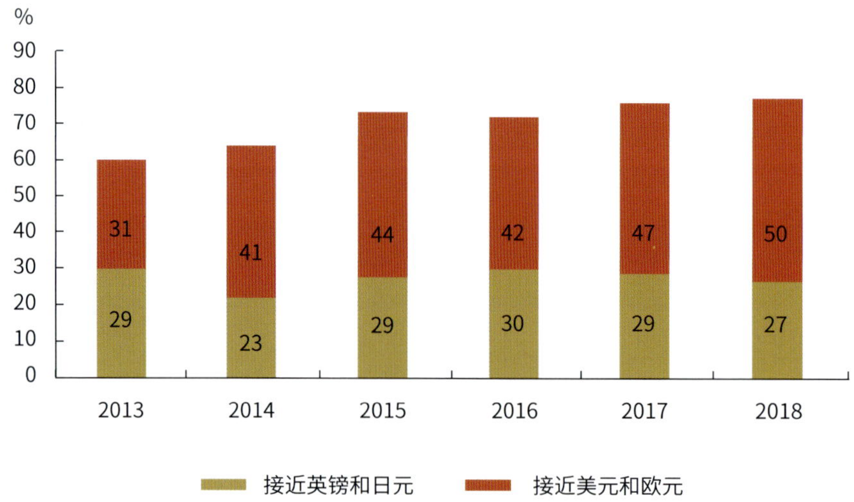

数据来源：中国人民银行。

图6-1　境内外企业对人民币国际地位的预期

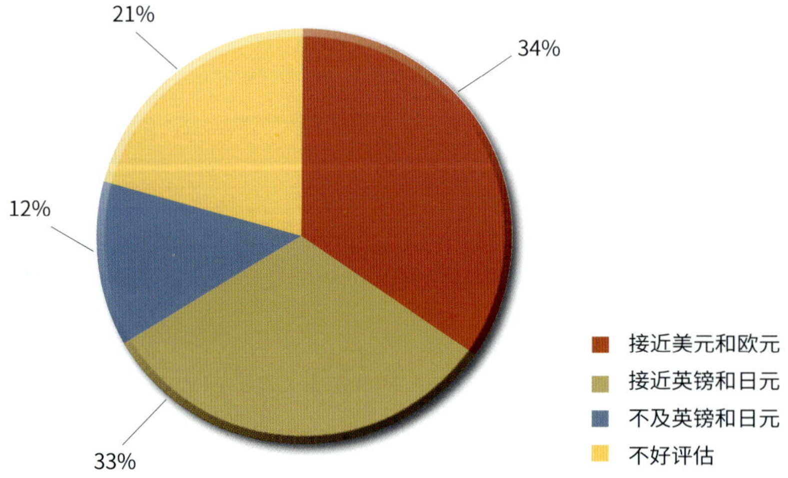

数据来源：中国人民银行。

图6-2　境外金融机构对人民币国际地位的预期

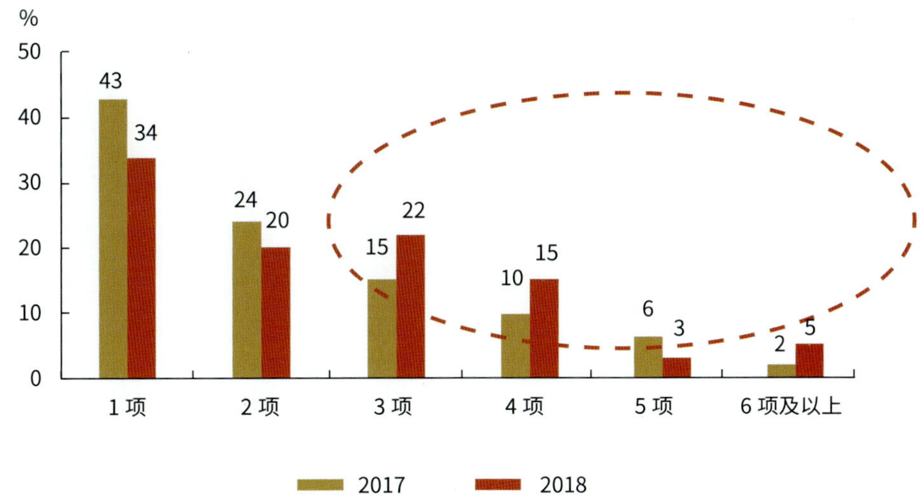

数据来源：中国人民银行。

图6-3 境外金融机构可提供人民币产品和服务的种类

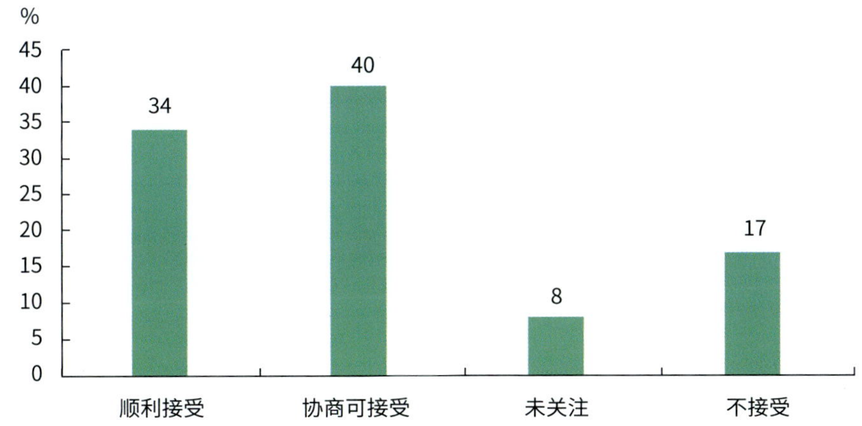

数据来源：中国人民银行。

图6-4 境内企业的境外交易对手对人民币接受情况

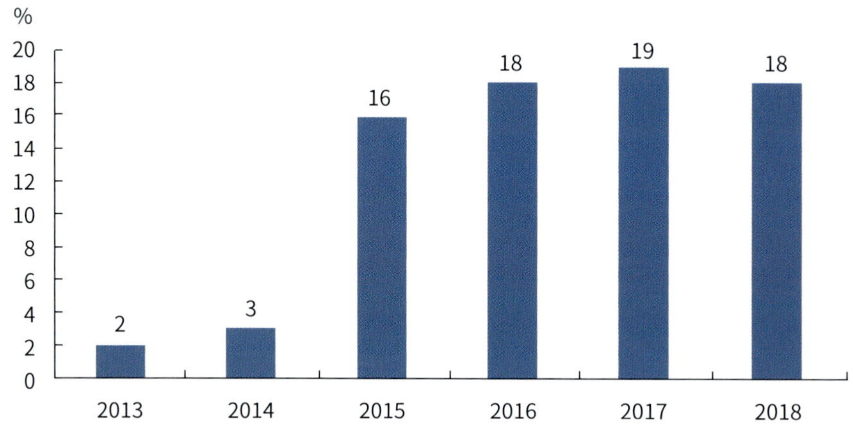

数据来源：中国人民银行。

图6-5　面临汇率波动时境内企业坚持人民币计价的比例

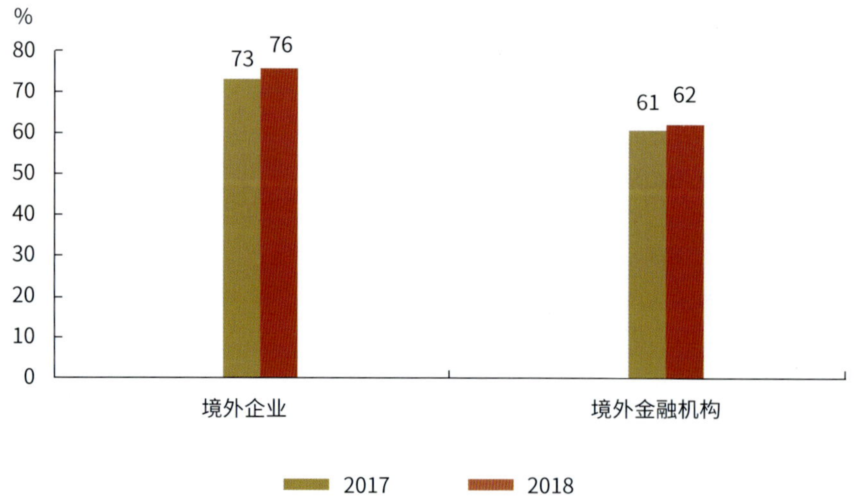

数据来源：中国人民银行。

图6-6　考虑将人民币作为融资货币的境外企业和金融机构占比

四是当面临市场形势变化难以获得美元等主要国际货币融资时，76%的受访境外企业、62%的受访境外金融机构表示愿意考虑将人民币作为融资货币，上述比例均较2017年的调查结果有所提升。

五是境外金融机构相较企业配置人民币资产意愿更高。调查结果显示，约77%的受访境外企业将取得的人民币收入兑换为本国货币，约14%的受访境外企业以存款的形式继续持有人民币，用于贸易支付等用途，另有9%的受访境外企业投资人民币计价的债券或股票等产品。调查结果显示，约有43%的受访境外金融机构考虑增加人民币资产配置，这一比例较2017年提升了5个百分点。在计划增持人民币资产的金融机构中，约有69%的受访金融机构表示将投资人民币债券资产，这一比例较2017年的调查结果提升了9个百分点。从债券投资的类型来看，约75%的受访境外金融机构计划增持中国国债。与美欧日等发达国家相比，中国国债不仅具有安全性好、流动性高等特点，且收益水平更具吸引力，成为境外金融机构投资境内债券市场的首选。从债券的期限结构来看，受访境外金融机构更偏好期限在3年期以下的短期债券。计划投资期限为1年以内、1～3年期的受访对象占比均为28%；而计划投资期限为3～5年期、5年期以上的中长期投资者占比仅分别为14%和7%。

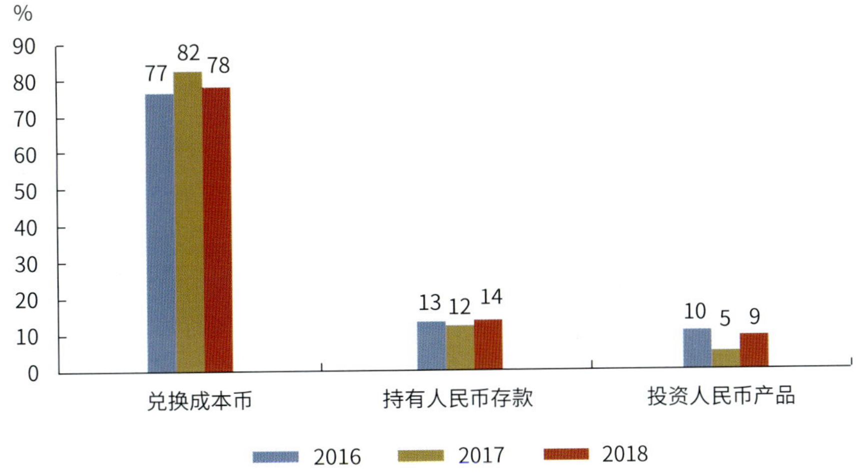

数据来源：中国人民银行。

图6-7 境外企业获得人民币收入后的交易行为

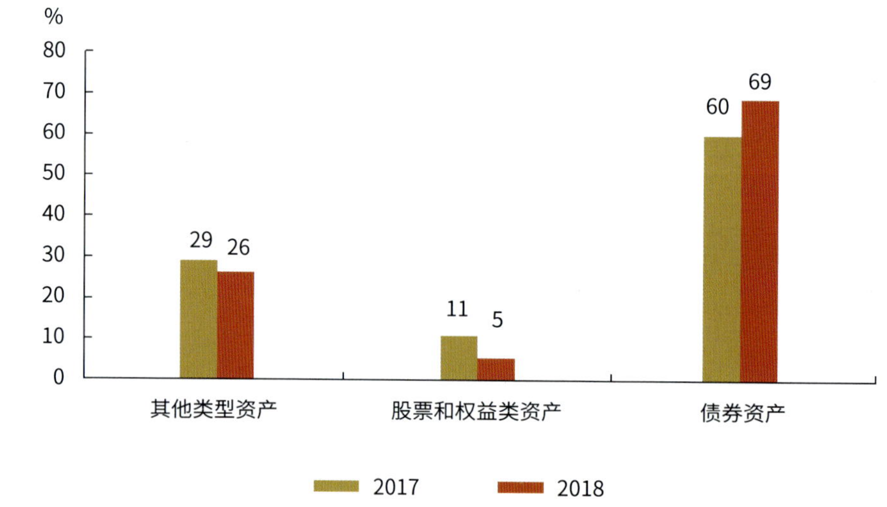

数据来源：中国人民银行。

图6-8　境外金融机构计划增持各类人民币金融资产的占比

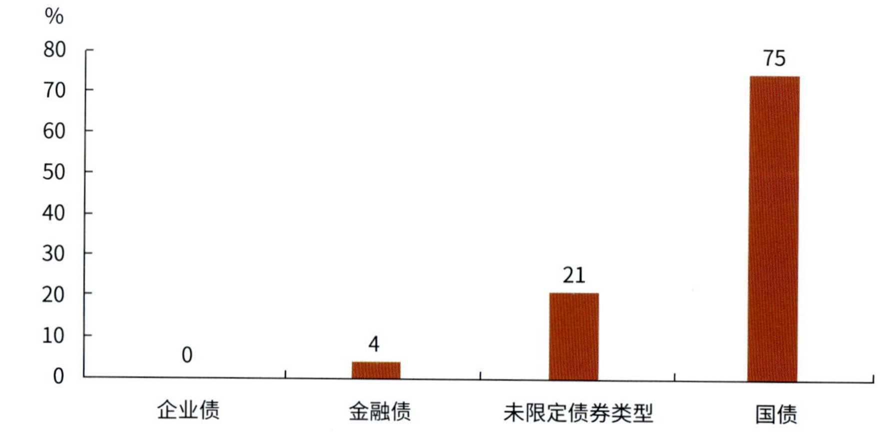

数据来源：中国人民银行。

图6-9　境外金融机构对人民币债券类型的投资偏好

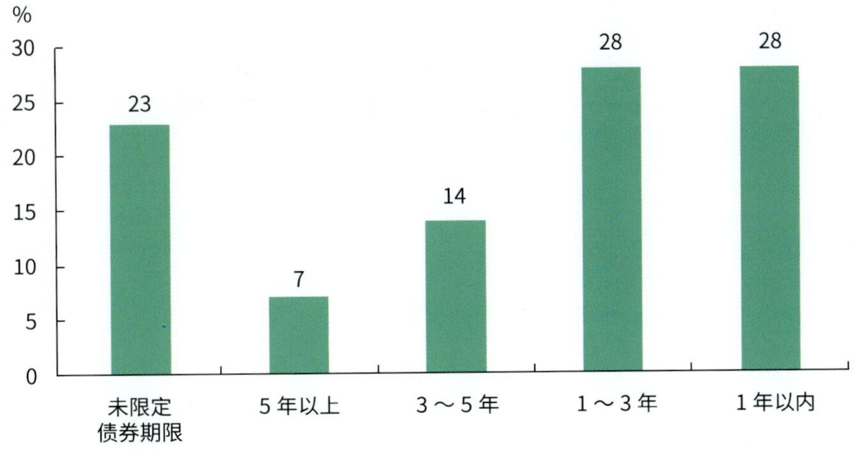

数据来源：中国人民银行。

图6-10　境外金融机构对人民币债券期限的投资偏好

第七部分

人民币国际化大事记

2009年

1月20日，中国人民银行与香港金融管理局签署了规模为2 000亿元人民币/2 270亿港元的双边本币互换协议。

2月8日，中国人民银行与马来西亚国家银行签署了规模为800亿元人民币/400亿林吉特的双边本币互换协议。

3月11日，中国人民银行与白俄罗斯共和国国家银行签署了规模为200亿元人民币/8万亿白俄罗斯卢布的双边本币互换协议。

3月23日，中国人民银行与印度尼西亚银行签署了规模为1 000亿元人民币/175万亿印度尼西亚卢比的双边本币互换协议。

4月2日，中国人民银行与阿根廷中央银行签署了规模为700亿元人民币/380亿阿根廷比索的双边本币互换协议。

4月20日，中国人民银行与韩国银行签署了规模为1 800亿元人民币/38万亿韩元的双边本币互换协议。

6月29日，中国人民银行与香港金融管理局就内地与香港跨境贸易人民币结算试点业务签订《补充合作备忘录(三)》。

7月1日，中国人民银行、财政部、商务部、海关总署、国家税务总局和中国银行业监督管理委员会联合发布《跨境贸易人民币结算试点管理办法》（中国人民银行　财政部　商务部　海关总署　国家税务总局　中国银行业监督管理委员会公告〔2009〕第10号）。

7月3日，中国人民银行与中国银行（香港）有限公司签署了修订后的《香港人民币业务清算协议》，配合跨境贸易人民币结算试点工作的开展。

7月3日，为贯彻落实《跨境贸易人民币结算试点管理办法》，中国人民银行发布《跨境贸易人民币结算试点管理办法实施细则》（银发〔2009〕212号）。

7月6日，上海市办理第一笔跨境贸易人民币结算业务；人民币跨境收付信息管理系统（RCPMIS）正式上线运行。

7月7日，广东省4个城市启动跨境贸易人民币结算试点工作。

7月14日，中国人民银行、财政部、商务部、海关总署、国家税务总局、中国银行业监督管理委员会联合向上海市和广东省政府发布了《关于同意跨境贸易人民币结算试点企业名单的函》（银办函〔2009〕472号），第一批试点企业正式获批开展出口货物贸易人民币结算业务，共计365家。

9月10日，中国人民银行和国家税务总局签署《跨境贸易人民币结算试点信息传输备忘录》。

9月15日，财政部首次在香港发行人民币国债，债券金额共计60亿元人民币。

12月22日，中国人民银行发布《跨境贸易人民币结算试点相关政策问题解答》。

2010年

2月11日，香港金融管理局发布《香港人民币业务的监管原则及操作安排的诠释》。

3月8日，中国人民银行发布《人民币跨境收付信息管理系统管理暂行办法》（银发〔2010〕79号）。

3月19日，中国人民银行和海关总署签署《关于跨境贸易以人民币结算协调工作合作备忘录》。

3月24日，中国人民银行与白俄罗斯共和国国家银行签署了《中白双边本币结算协议》。

6月9日，中国人民银行与冰岛中央银行签署了规模为35亿元人民币/660亿冰岛克朗的双边本币互换协议。

6月17日，中国人民银行、财政部、商务部、海关总署、国家税务总局和中国银行业监督管理委员会联合发布《关于扩大跨境贸易人民币结算试点有关问题的通知》（银发〔2010〕186号），扩大跨境贸易人民币结算试点范围。

7月19日，中国人民银行与香港金融管理局在香港签署《补充合作备忘录（四）》，与中国银行（香港）有限公司签署修改后的《关于人民币业务的清算协议》。

7月23日，中国人民银行与新加坡金融管理局签署了规模为1 500亿元人民币/300亿新加坡元的双边本币互换协议。

8月17日，中国人民银行发布《关于境外人民币清算行等三类机构运用人民币投资银行间债券市场试点有关事宜的通知》（银发〔2010〕217号）。

8月19日，经中国人民银行授权，中国外汇交易中心在银行间外汇市场完善人民币对马来西亚林吉特的交易方式，发展人民币对马来西亚林吉特直接交易。

8月31日，中国人民银行发布《境外机构人民币银行结算账户管理办法》（银发〔2010〕249号）。

11月22日，经中国人民银行授权，中国外汇交易中心在银行间外汇市场完善人民币对俄罗斯卢布的交易方式，发展人民币对俄罗斯卢布直接交易。

2011年

1月6日，中国人民银行发布《境外直接投资人民币结算试点管理办法》（中国人民银行公告〔2011〕第1号），允许跨境贸易人民币结算试点地区的银行和企业开展境外直接投资人民币结算试点，银行可以按照有关规定向境内机构在境外投资的企业或项目发放人民币贷款。

4月18日，中国人民银行与新西兰储备银行签署了规模为250亿元人民币/50亿新西兰元的双边本币互换协议。

4月19日，中国人民银行与乌兹别克斯坦共和国中央银行签署了规模为7亿元人民币/1 670亿乌兹别克斯坦苏姆的双边本币互换协议。

5月6日，中国人民银行与蒙古银行签署了规模为50亿元人民币/1万亿蒙古图格里克的双边本币互换协议。

6月3日，中国人民银行发布《关于明确跨境人民币业务相关问题的通知》（银发〔2011〕145号）。

6月9日，昆明富滇银行与老挝大众银行共同推出人民币与老挝基普的挂牌汇率。

6月13日，中国人民银行与哈萨克斯坦国家银行签署了规模为70亿元人民币/1 500亿坚戈的双边本币互换协议。

6月23日，中国人民银行与俄罗斯联邦中央银行签订了新的双边本币结算协定，规定两国经济活动主体可自行决定用自由兑换货币、人民币和卢布进行商品和服务的结算与支付。

6月28日，中国工商银行广西分行和中国银行新疆分行相继推出人民币兑越南盾、哈萨克斯坦坚戈挂牌交易。

6月30日，交通银行青岛分行、韩国企业银行青岛分行推出人民币对韩元的柜台挂牌交易。

7月27日，中国人民银行、财政部、商务部、海关总署、国家税务总局、中国银行业监督管理委员会发布《关于扩大跨境贸易人民币结算地区的通知》（银发〔2011〕203号），明确将跨境贸易人民币结算境内地域范围扩大至全国。

10月13日，中国人民银行发布《外商直接投资人民币结算业务管理办法》（中国人民银行公告〔2011〕第23号）。

10月24日，中国人民银行发布《关于境内银行业金融机构境外项目人民币贷款的指导意见》（银发〔2011〕255号）。

10月26日，中国人民银行与韩国银行续签双边本币互换协议，互换规模由原来的1 800亿元人民币/38万亿韩元扩大至3 600亿元人民币/64万亿韩元。

11月4日，根据中国人民银行公告〔2003〕第16号确定的选择香港人民币业务业务清算行的原则和标准，中国人民银行授权中国银行（香港）有限公司继续担任香港人民币业务清算行（中国人民银行公告〔2011〕第25号）。

11月22日，中国人民银行与香港金融管理局续签双边本币互换协议，互换规模由原来的2 000亿元人民币/2 270亿港元扩大至4 000亿元人民币/4 900亿港元。

12月16日，中国证券监督管理委员会、中国人民银行、国家外汇管理局联合发布《基金管理公司、证券公司人民币合格境外机构投资者境内证券投资试点办法》（证监会令第76号）。

12月22日，中国人民银行与泰国银行签署了中泰双边本币互换协议，互换规模为700亿元人民币/3 200亿泰铢。

12月23日，中国人民银行与巴基斯坦国家银行签署了中巴双边本币互换协议，互换规模为100亿元人民币/1 400亿卢比的双边本币互换协议。

12月29日，人民币对泰铢银行间市场区域交易在云南省成功推出，这是我国首例人民币对非主要国际储备货币在银行间市场的区域交易。

12月31日，中国人民银行发布《关于实施〈基金管理公司、证券公司人民币合格境外机构投资者境内证券投资试点办法〉有关事项的通知》（银发〔2011〕321号）。

2012年

1月17日，中国人民银行与阿联酋中央银行在迪拜签署了规模为350亿元人民币/200亿迪拉姆的双边本币互换协议。

2月6日，中国人民银行、财政部、商务部、海关总署、国家税务总局和中国银行业监督管理委员会联合发布《关于出口货物贸易人民币结算企业管理有关问题的通知》（银发〔2012〕23号）。

2月8日，中国人民银行与马来西亚国家银行续签了中马双边本币互换协议，互换规模由原来的800亿元人民币/400亿林吉特扩大至1 800亿元人民币/900亿林吉特。

2月21日，中国人民银行与土耳其中央银行签署了规模为100亿元人民币/30亿土耳其里拉的双边本币互换协议。

3月20日，中国人民银行与蒙古银行签署了中蒙双边本币互换补充协议，互换规模由原来的50亿元人民币/1万亿图格里克扩大至100亿元人民币/2万亿图格里克。

3月22日，中国人民银行与澳大利亚储备银行签署了规模为2 000亿元人民币/300亿澳大利亚元的双边本币互换协议。

4月3日，经国务院批准，香港地区人民币合格境外机构投资者（RQFII）试点额度扩大500亿元人民币。

6月1日，经中国人民银行授权，中国外汇交易中心在银行间外汇市场完善人民币对日元的交易方式，发展人民币对日元直接交易。

6月26日，中国人民银行与乌克兰国家银行签署了规模为150亿元人民币/190亿格里夫纳的双边本币互换协议。

6月29日，中国人民银行发布《关于明确外商直接投资人民币结算业务操作细则的通知》（银发〔2012〕165号）。

7月31日，中国人民银行发布《境外机构人民币银行结算账户开立和使用有关问题的通知》（银发〔2012〕183号）。

8月31日，中国人民银行与台湾方面货币管理机构签署《海峡两岸货币清算合作备忘录》。

9月24日，中国人民银行与中国银行澳门分行续签《关于人民币业务的清算协议》。

11月13日，经国务院批准，香港地区人民币合格境外机构投资者（RQFII）试点额度扩大2 000亿元人民币。

12月11日，中国人民银行授权中国银行台北分行担任台湾人民币业务清算行。

2013年

1月25日，中国人民银行与中国银行台北分行签订《关于人民币业务的清算协议》。

2月8日，中国人民银行授权中国工商银行新加坡分行担任新加坡人民币业务清算行，并于4月与其签订《关于人民币业务的清算协议》。

3月1日，中国证券监督管理委员会、中国人民银行、国家外汇管理局联合发布《人民币合格境外机构投资者境内证券投资试点办法》（证监会令第90号）。

3月7日，中国人民银行与新加坡金融管理局续签了规模为3 000亿元人民币/600亿新加坡元的双边本币互换协议。

3月13日，中国人民银行发布《关于合格境外机构投资者投资银行间债券市场有关事项的通知》（银发〔2013〕69号）。

3月26日，中国人民银行与巴西中央银行签署了规模为1 900亿元人民币/600亿巴西雷亚尔的双边本币互换协议。

4月10日，经中国人民银行授权，中国外汇交易中心在银行间外汇市场完善人民币对澳元的交易方式，发展人民币对澳元直接交易。

4月25日，中国人民银行发布《关于实施〈人民币合格境外机构投资者境内证券投资试点办法〉有关事项的通知》（银发〔2013〕105号）。

6月21日，两岸签署《海峡两岸服务贸易协议》，允许台资金融机构以人民币合格境外机构投资者（RQFII）方式投资大陆资本市场，投资额度考虑按1 000亿元掌握。

6月22日，中国人民银行与英格兰银行签署了规模为2 000亿元人民币/200亿英镑的双边本币互换协议。

7月9日，中国人民银行发布《关于简化跨境人民币业务流程和完善有关政策的通知》（银发〔2013〕168号）。

8月23日，中国人民银行办公厅发布《关于优化人民币跨境收付信息管理系统信息报送流程的通知》（银办发〔2013〕188号）。

9月9日，中国人民银行与匈牙利中央银行签署了规模为100亿元人民币/3 750亿匈牙利福林的双边本币互换协议。

9月11日，中国人民银行与冰岛中央银行续签了规模为35亿元人民币/660亿冰岛克朗的双边本币互换协议。

9月12日，中国人民银行与阿尔巴尼亚银行签署了规模为20亿元人民币/358亿阿尔巴尼亚列克的双边本币互换协议。

9月23日，中国人民银行发布《关于境外投资者投资境内金融机构人民币结算有关事项的通知》（银发〔2013〕225号）。

10月1日，中国人民银行与印度尼西亚银行续签了规模为1 000亿元人民币/175万亿印度尼西亚卢比的双边本币互换协议。

10月8日，中国人民银行与欧洲中央银行签署了规模为3 500亿元人民币/450亿欧元的双边本币互换协议。

10月15日，第五次中英经济财金对话宣布给予英国800亿元人民币合格境外机构投资者（RQFII）额度。

10月22日，中新双边合作联合委员会第十次会议宣布给予新加坡500亿元人民币合格境外机构投资者（RQFII）额度。

12月31日，中国人民银行发布《关于调整人民币购售业务管理的通知》（银发〔2013〕321号）。

2014年

3月14日，中国人民银行、财政部、商务部、海关总署、国家税务总局和中国银行业监督管理委员会联合发布《关于简化出口货物贸易人民币结算企业管理有关事项的通知》（银发〔2014〕80号）。

3月19日，经中国人民银行授权，中国外汇交易中心在银行间外汇市场完善人民币对新西兰元的交易方式，发展人民币对新西兰元的直接交易。

3月26日，中法联合声明宣布给予法国800亿元人民币合格境外机构投资者（RQFII）额度。

3月28日，中国人民银行与德意志联邦银行签署了在法兰克福建立人民币清算安排的合作备忘录。

3月31日，中国人民银行与英格兰银行签署了在伦敦建立人民币清算安排的合作备忘录。

4月25日，中国人民银行与新西兰中央银行续签了规模为250亿元人民币/50亿新西兰元的双边本币互换协议。

6月11日，中国人民银行发布《关于贯彻落实〈国务院办公厅关于支持外贸稳定增长的若干意见〉的指导意见》（银发〔2014〕168号）。

6月17日，中国人民银行授权中国建设银行（伦敦）有限公司担任伦敦人民币业务清算行。

6月18日，中国人民银行授权中国银行法兰克福分行担任法兰克福人民币业务清算行。

6月19日，经中国人民银行授权，中国外汇交易中心在银行间外汇市场完善人民币对英镑的交易方式，发展人民币对英镑的直接交易。

6月28日，中国人民银行与法兰西银行签署了在巴黎建立人民币清算安排的合作备忘录，与卢森堡中央银行签署了在卢森堡建立人民币清算安排的合作备忘录。

7月3日，中国人民银行与韩国银行签署了在首尔建立人民币清算安排的合作备忘录，给予韩国800亿元人民币合格境外机构投资者（RQFII）额度；4日，授权交通银行首尔分行担任首尔人民币业务清算行。

7月7日，在德国总理默克尔来华访问期间，李克强总理宣布给予德国800亿元人民币合格境外机构投资者（RQFII）额度。

7月18日，中国人民银行与阿根廷中央银行续签了规模为700亿元人民币/900亿阿根廷比索的双边本币互换协议。

7月21日，中国人民银行与瑞士国家银行签署了规模为1 500亿元人民币/210亿瑞士法郎的双边本币互换协议。

8月21日，中国人民银行与蒙古银行续签了规模为150亿元人民币/4.5万亿蒙古图格里克的双边本币互换协议。

9月5日，中国人民银行授权中国银行巴黎分行担任巴黎人民币业务清算行，授权中国工商银行卢森堡分行担任卢森堡人民币业务清算行。

9月16日，中国人民银行与斯里兰卡中央银行签署了规模为100亿元人民币/2 250亿斯里兰卡卢比的双边本币互换协议。

9月28日，中国人民银行办公厅发布《关于境外机构在境内发行人民币债务融资工具跨境人民币结算有关事宜的通知》（银办发〔2014〕221号）。

9月30日，经中国人民银行授权，中国外汇交易中心在银行间外汇市场完善人民币对欧元的交易方式，发展人民币对欧元的直接交易。

10月11日，中国人民银行与韩国银行续签了规模为3 600亿元人民币/64万亿韩元的双边本币互换协议。

10月13日，中国人民银行与俄罗斯联邦中央银行签署了规模为1 500亿元人民币/8 150亿卢布的双边本币互换协议。

11月1日，中国人民银行发布《关于跨国企业集团开展跨境人民币资金集中运营业务有关事宜的通知》（银发〔2014〕324号）。

11月3日，中国人民银行与卡塔尔中央银行签署了在多哈建立人民币清算安排的合作备忘录，签署了规模为350亿元人民币/208亿里亚尔的双边本币互换协议，给予卡塔尔300亿元人民币合格境外机构投资者（RQFII）额度；4日，授权中国工商银行多哈分行担任多哈人民币业务清算行。

11月4日，中国人民银行、中国证券监督管理委员会联合发布《关于沪港股票市场交易互联互通机制试点有关问题的通知》（银发〔2014〕336号）。

11月5日，中国人民银行发布《关于人民币合格境内机构投资者境外证券投资有关事项的通知》（银发〔2014〕331号）。

11月8日，中国人民银行与加拿大银行签署了在加拿大建立人民币清算安排的合作备忘录，签署了规模为2 000亿元人民币/300亿加元的双边本币互换协议，并给予加拿大500亿元人民币合格境外机构投资者（RQFII）额度；9日，授权中国工商银行（加拿大）有限公司担任多伦多人民币业务清算行。

11月10日，中国人民银行与马来西亚国家银行签署了在吉隆坡建立人民币清算安排的合作备忘录。

11月17日，中国人民银行与澳大利亚储备银行签署了在澳大利亚建立人民币清算安排的合作备忘录，给予澳大利亚500亿元人民币合格境外机构投资者（RQFII）额度；18日，授权中国银行悉尼分行担任悉尼人民币业务清算行。

11月22日，中国人民银行与香港金融管理局续签了规模为4 000亿元人民币/5 050亿港元的货币互换协议。

12月14日，中国人民银行与哈萨克斯坦国家银行续签了规模为70亿元人民币/2 000亿哈萨克斯坦坚戈的双边本币互换协议；15日，经中国人民银行批准，中国外汇交易中心正式推出人民币对哈萨克斯坦坚戈银行间区域交易。

12月22日，中国人民银行与泰国银行签署了在泰国建立人民币清算安排的合作备忘录，并续签了规模为700亿元人民币/3 700亿泰铢的双边本币互换协议。

12月23日，中国人民银行与巴基斯坦国家银行续签了规模为100亿元人民币/1 650亿巴基斯坦卢比的双边本币互换协议。

2015年

1月5日，中国人民银行授权中国银行（马来西亚）有限公司担任吉隆坡人民币业务清算行，授权中国工商银行（泰国）有限公司担任曼谷人民币业务清算行。

1月21日，中国人民银行与瑞士国家银行签署合作备忘录，就在瑞士建立人民币清算安排有关事宜达成一致。给予瑞士500亿元人民币合格境外机构投资者（RQFII）额度。

3月18日，中国人民银行与苏里南中央银行签署了规模为10亿元人民币/5.2亿苏里南元的双边本币互换协议。

3月25日，中国人民银行与亚美尼亚中央银行签署了规模为10亿元人民币/770亿亚美尼亚德拉姆的双边本币互换协议。

3月30日，中国人民银行与澳大利亚储备银行续签了规模为2 000亿元人民币/400亿澳大利亚元的双边本币互换协议。

4月10日，中国人民银行与南非储备银行签署了规模为300亿元人民币/540亿南非兰特的双边本币互换协议。

4月17日，中国人民银行与马来西亚国家银行续签了规模为1 800亿元人民币/900亿马来西亚林吉特的双边本币互换协议。

4月29日，人民币合格境外机构投资者（RQFII）试点地区扩大至卢森堡，初始投资额度为500亿元人民币。

5月10日，中国人民银行与白俄罗斯共和国国家银行续签了规模为70亿元人民币/16万亿白俄罗斯卢布的双边本币互换协议。

5月15日，中国人民银行与乌克兰国家银行续签了规模为150亿元人民币/540亿乌克兰格里夫纳的双边本币互换协议。

5月25日，中国人民银行与智利中央银行签署了在智利建立人民币清算安排的合作备忘录，并签署了规模为220亿元人民币/2.2万亿智利比索的双边本币互换协议。给予智利500亿元人民币合格境外机构投资者（RQFII）额度。同日，授权中国建设银行智利分行担任智利人民币业务清算行。

6月1日，中国人民银行发布《关于境外人民币业务清算行、境外参加银行开展银行间债券市场债券回购交易的通知》（银发〔2015〕170号）。

6月11日，中国人民银行发布《人民币国际化报告（2015）》。

6月27日，中国人民银行与匈牙利中央银行签署了在匈牙利建立人民币清算安排的合作备忘录和《中国人民银行代理匈牙利中央银行投资中国银行间债券市场的代理投资协议》。给予匈牙利500亿元人民币合格境外机构投资者（RQFII）额度；28日，授权中国银行匈牙利分行担任匈牙利人民币业务清算行。

7月7日，中国人民银行与南非储备银行签署了在南非建立人民币清算安排的合作备忘录；8日，授权中国银行约翰内斯堡分行担任南非人民币业务清算行。

7月14日，中国人民银行印发《关于境外央行、国际金融组织、主权财富基金运用人民币投资银行间市场有关事宜的通知》（银发〔2015〕220号），对境外央行类机构简化了入市流程，取消了额度限制，允许其自主选择中国人民银行或银行间市场结算代理人为其代理交易结算，并拓宽其可投资品种。

7月24日，发布中国人民银行公告〔2015〕第19号，明确境内原油期货以人民币为计价货币，引入境外交易者和境外经纪机构参与交易等。

8月11日，中国人民银行发布关于完善人民币兑美元汇率中间价报价的声明。自2015年8月11日起，做市商在每日银行间外汇市场开盘前，参考上日银行间外汇市场的收盘汇率，综合考虑外汇供求情况以及国际主要货币汇率变化向中国外汇交易中心提供中间价报价。

9月3日，中国人民银行与塔吉克斯坦中央银行签署了规模为30亿元人民币/30亿索摩尼的双边本币互换协议。

9月7日，中国人民银行印发《关于进一步便利跨国企业集团开展跨境双向人民币资金池业务的通知》（银发〔2015〕279号）。

9月17日，中国人民银行与阿根廷中央银行签署了在阿根廷建立人民币清算安排的合作备忘录；18日，授权中国工商银行（阿根廷）股份有限公司担任阿根廷人民币业务清算行。

9月21日，中国人民银行批复同意香港上海汇丰银行有限公司和中国银行（香港）有限公司在银行间债券市场发行金融债券，这是国际性商业银行首次获准在银行间债券市场发行人民币债券。

9月26日，中国人民银行与土耳其中央银行续签了规模为120亿元人民币/50亿土耳其里拉的双边本币互换协议。

9月27日，中国人民银行与格鲁吉亚国家银行签署了双边本币互换框架协议。

9月29日，中国人民银行与赞比亚中央银行签署了在赞比亚建立人民币清算安排的合作备忘录；30日，授权赞比亚中国银行担任赞比亚人民币业务清算行。

9月29日，中国人民银行与吉尔吉斯共和国国家银行签署了加强合作的意向协议。

9月30日，发布中国人民银行公告〔2015〕第31号，开放境外央行（货币当局）和其他官方储备管理机构、国际金融组织、主权财富基金依法合规参与中国银行间外汇市场。

10月8日，人民币跨境支付系统（一期）成功上线运行。

10月20日，中国人民银行在伦敦采用簿记建档方式成功发行了50亿元人民币央行票据，期限1年，票面利率3.1%。这是中国人民银行首次在中国以外地区发行以人民币计价的央行票据。

10月20日，中国人民银行与英格兰银行续签了规模为3 500亿元人民币/350亿英镑的双边本币互换协议。

11月2日，为满足境外中央银行、货币当局、其他官方储备管理机构、国际金融组织以及主权财富基金在境内开展相关业务的实际需要，中国人民银行办公厅发布《关于境外中央银行类机构在境内银行业金融机构开立人民币银行结算账户有关事项的通知》（银办发〔2015〕227号）。

11月6日，中国人民银行、国家外汇管理局发布《内地与香港证券投资基金跨境发行销售资金管理操作指引》（中国人民银行　国家外汇管理局公告〔2015〕第36号）。

11月9日，经中国人民银行授权，中国外汇交易中心宣布在银行间外汇市场开展人民币对瑞士法郎直接交易。

11月18日，中欧国际交易所股份有限公司举行成立仪式，并挂牌首批人民币计价和结算的证券现货产品。

11月23日，人民币合格境外机构投资者（RQFII）试点地区扩大至马来西亚，投资额度为500亿元人民币。

11月25日，首批境外央行类机构在中国外汇交易中心完成备案，正式进入中国银行间外汇市场。

11月27日，中国银行间市场交易商协会接受加拿大不列颠哥伦比亚省在中国银行间债券市场发行60亿元人民币主权债券的注册。

11月30日，国际货币基金组织执董会决定将人民币纳入特别提款权（SDR）货币篮子，SDR货币篮子相应扩大至美元、欧元、人民币、日元、英镑5种货币，人民币在SDR货币篮子中的权重为10.92%，新的SDR货币篮子将于2016年10月1日生效。同日，中国人民银行授权中国建设银行苏黎世分行担任瑞士人民币业务清算行。

12月7日，中国银行间市场交易商协会接受韩国政府在中国银行间债券市场发行30亿元人民币主权债券的注册。

12月14日，中国人民银行与阿联酋中央银行续签了规模为350亿元人民币/200亿阿联酋迪拉姆的双边本币互换协议。同日，双方签署了在阿联酋建立人民币清算安排的合作备忘录，并同意将人民币合格境外机构投资者（RQFII）试点地区扩大至阿联酋，投资额度为500亿元人民币。

12月17日，人民币合格境外机构投资者（RQFII）试点地区扩大至泰国，投资额度为500亿元人民币。

2016年

1月20日，中国人民银行办公厅印发《关于调整境外机构人民币银行结算账户资金使用有关事宜的通知》（银办发〔2016〕15号）。

1月22日，中国人民银行印发《关于扩大全口径跨境融资宏观审慎管理试点的通知》（银发〔2016〕18号）。

2月24日，中国人民银行发布2016年第3号公告，便利符合条件的境外机构投资者投资银行间债券市场（中国人民银行公告〔2016〕第3号）。

3月7日，中国人民银行与新加坡金管局续签双边本币互换协议，协议规模为3 000亿元人民币/640亿新加坡元，有效期为3年。

4月29日，中国人民银行印发《关于在全国范围内实施全口径跨境融资宏观审慎管理的通知》（银发〔2016〕132号）。

5月11日，中国人民银行与摩洛哥中央银行签署双边本币互换协议，协议规模为100亿元人民币/150亿迪拉姆，有效期为3年。

6月7日，中国人民银行与美国联邦储备委员会签署了在美国建立人民币清算安排的合作备忘录，并给予美国2 500亿元人民币合格境外机构投资者（RQFII）额度。

6月17日，中国人民银行与塞尔维亚中央银行签署双边本币互换协议，协议规模为15亿元人民币/270亿塞尔维亚第纳尔，有效期为3年。

6月20日，经中国人民银行授权，中国外汇交易中心在银行间外汇市场完善人民币对南非兰特的交易方式，发展人民币对南非兰特直接交易。

6月25日，中国人民银行与俄罗斯中央银行签署了在俄罗斯建立人民币清算安排的合作备忘录。

6月27日，经中国人民银行授权，中国外汇交易中心在银行间外汇市场完善人民币对韩元的交易方式，发展人民币对韩圆直接交易。

7月11日，中国银行（香港）有限公司以直接参与者身份接入人民币跨境支付系统（CIPS），这是CIPS的首家境外直接参与者；同日，中信银行、上海银行、广东发展银行、江苏银行、三菱东京日联银行（中国）有限公司、瑞穗银行（中国）有限公司、恒生银行（中国）有限公司等以直接参与者身份接入CIPS，CIPS直接参与者数量增加至27家。

8月10日，中国人民银行办公厅印发《关于波兰共和国在银行间债券市场发行人民币债券有关事项的批复》，同意受理波兰共和国在银行间债券市场发行人民币债券的注册申请（银办函〔2016〕378号）。

8月30日，中国人民银行、国家外汇管理局联合发布《关于人民币合格境外机构投资者境内证券投资管理有关问题的通知》（银发〔2016〕227号）。

9月12日，中国人民银行与匈牙利央行续签双边本币互换协议，协议规模为100亿元人民币/4 160亿匈牙利福林，有效期为3年。

9月20日，中国人民银行发布2016年第23号公告，授权中国银行纽约分行担任美国人民币业务清算行（中国人民银行公告〔2016〕第23号）。

9月23日，中国人民银行发布2016年第24号公告，授权中国工商银行（莫斯科）股份有限公司担任俄罗斯人民币业务清算行（中国人民银行公告〔2016〕第24号）。

9月26日，经中国人民银行授权，中国外汇交易中心开始在银行间外汇市场开展人民币对沙特里亚尔直接交易。

9月26日，经中国人民银行授权，中国外汇交易中心开始在银行间外汇市场开展人民币对阿联酋迪拉姆直接交易。

9月27日，中国人民银行与欧洲中央银行签署补充协议，决定将双边本币互换协议有效期延长三年至2019年10月8日。互换规模仍为3 500亿元人民币/450亿欧元。

11月4日，中国人民银行、中国证券监督管理委员会联合发布《关于内地与香港股票市场交易互联互通机制有关问题的通知》（银发〔2016〕282号）。12月5日，正式启动深港通。

11月14日，经中国人民银行授权，中国外汇交易中心在银行间外汇市场完善人民币对加拿大元的交易方式，开展人民币对加拿大元直接交易。

11月29日，中国人民银行印发《中国人民银行关于进一步明确境内企业境外放款业务有关事项的通知》（银发〔2016〕306号）。

12月6日，中国人民银行与埃及中央银行签署双边本币互换协议，协议规模为180亿元人民币/470亿埃及镑，有效期为3年。

12月9日，中国人民银行发布2016年第30号公告，授权中国农业银行迪拜分行担任阿联酋人民币业务清算行（中国人民银行公告〔2016〕第30号）。

12月12日，经中国人民银行授权，中国外汇交易中心开始在银行间外汇市场开展人民币对墨西哥比索直接交易。

12月12日，经中国人民银行授权，中国外汇交易中心开始在银行间外汇市场开展人民币对土耳其里拉直接交易。

12月12日，经中国人民银行授权，中国外汇交易中心开始在银行间外汇市场开展人民币对波兰兹罗提直接交易。

12月12日，经中国人民银行授权，中国外汇交易中心开始在银行间外汇市场开展人民币对丹麦克朗直接交易。

12月12日，经中国人民银行授权，中国外汇交易中心开始在银行间外汇市场开展人民币对匈牙利福林直接交易。

12月12日，经中国人民银行授权，中国外汇交易中心开始在银行间外汇市场开展人民币对挪威克朗直接交易。

12月12日，经中国人民银行授权，中国外汇交易中心开始在银行间外汇市场开展人民币对瑞典克朗直接交易。

12月21日，中国人民银行与冰岛央行续签双边本币互换协议，协议规模为35亿元人民币/660亿冰岛克朗，有效期为3年。

12月26日，中国人民银行办公厅印发《中国人民银行办公厅关于境外机构境内发行人民币债券跨境人民币结算业务有关事宜的通知》（银办发〔2016〕258号）。

2017年

1月13日，中国人民银行发布《关于全口径跨境融资宏观审慎管理有关事宜的通知》（银发〔2017〕9号）。

3月20日，中国人民银行与中国银行纽约分行签署《关于人民币业务的清算协议》。

3月20日，中国人民银行与中国工商银行（莫斯科）股份有限公司签署《关于人民币业务的清算协议》。

3月20日，中国人民银行与中国农业银行迪拜分行签署《关于人民币业务的清算协议》。

5月19日，中国人民银行与新西兰央行续签双边本币互换协议，协议规模为250亿元人民币/50亿新西兰元，有效期为3年。

5月23日，中国人民银行发布《关于印发〈人民币跨境收付信息管理系统管理办法〉的通知》（银发〔2017〕126号）。

5月27日，中国人民银行办公厅发布《关于完善人民币跨境收付信息管理系统银行间业务数据报送流程的通知》（银办发〔2017〕118号）。

6月29日，中国人民银行与中国银行（香港）有限公司续签《关于人民币业务的清算协议》。

7月4日，经国务院批准，香港RQFII额度扩大至5 000亿元人民币。

7月6日，中国人民银行与蒙古国中央银行续签双边本币互换协议，协议规模为150亿元人民币/5.4万亿蒙古国图格里克，有效期为3年。

7月18日，中国人民银行与阿根廷央行续签双边本币互换协议，规模为700亿元人民币/1 750亿阿根廷比索，有效期为3年。

7月21日，中国人民银行与瑞士中央银行续签双边本币互换协议，协议规模为1 500亿元人民币/210亿瑞士法郎，有效期为3年。

8月11日，经中国人民银行授权，中国外汇交易中心开展人民币对蒙古图格里克银行间市场区域交易。

9月13日，经中国人民银行授权，中国外汇交易中心开展人民币对柬埔寨瑞尔银行间市场区域交易。

9月21日，中国人民银行与中国银行澳门分行续签《关于人民币业务的清算协议》。

10月11日，中国人民银行与韩国央行续签双边本币互换协议，协议规模为3 600亿元人民币/64万亿韩元，有效期为3年。

11月2日，中国人民银行与卡塔尔央行续签双边本币互换协议，协议规模为350亿元人民币/208亿里亚尔，有效期为3年。

11月8日，中国人民银行与加拿大央行续签双边本币互换协议，协议规模为2 000亿元人民币/300亿加元，有效期为3年。

11月22日，中国人民银行与香港金管局续签双边本币互换协议，协议规模为4 000亿元人民币/4 700亿港元，有效期为3年。

11月22日，中国人民银行与俄罗斯央行续签双边本币互换协议，协议规模为1 500亿元人民币/13 250亿卢布，有效期为3年。

12月22日，中国人民银行与泰国央行续签双边本币互换协议，协议规模为700亿元人民币/3 700亿泰铢，有效期为3年。

2018年

1月4日，中国人民银行与中国银行台北分行续签《关于人民币业务的清算协议》。

1月5日，中国人民银行印发《关于进一步完善人民币跨境业务政策促进贸易投资便利化的通知》（银发〔2018〕3号），明确凡依法可使用外汇结算的跨境交易，企业都可以使用人民币结算。

1月5日，中国外汇交易中心发布《关于境外银行参与银行间外汇市场区域交易有关事项的公告》，同意符合条件的境外银行参与银行间外汇市场区域交易。

2月9日，中国人民银行授权美国摩根大通银行担任美国人民币业务清算行。

3月26日，人民币跨境支付系统（CIPS）二期投产试运行。

3月26日，以人民币计价结算的原油期货在上海国际能源交易中心挂牌交易。

3月30日，中国人民银行与澳大利亚中央银行续签规模为2 000亿元人民币/400亿澳大利亚元的双边本币互换协议。

4月3日，中国人民银行与阿尔巴尼亚中央银行续签规模为20亿元人民币/342亿阿尔巴尼亚列克的双边本币互换协议。

4月11日，中国人民银行与南非中央银行续签规模为300亿元人民币/540亿南非兰特的双边本币互换协议。

4月20日，为进一步规范人民币合格境内机构投资者境外证券投资活动，中国人民银行办公厅印发《关于进一步明确人民币合格境内机构投资者境外证券投资管理有关事项的通知》（银办发〔2018〕81号）。

4月27日，中国人民银行与尼日利亚中央银行签署规模为150亿元人民币/7 200亿奈拉的双边本币互换协议。

5月1日，将“沪股通”及“深股通”每日额度扩大4倍，北上每日额度从130亿元调整为520亿元，南下每日额度从105亿元调整为420亿元。

5月2日，人民币跨境支付系统（二期）全面投产，符合要求的直接参与者同步上线。

5月4日，以人民币计价的大连商品交易所铁矿石期货正式引入境外交易者。

5月9日，人民币合格境外机构投资者（RQFII）试点地区扩大至日本，投资额度为2 000亿元。

5月10日，中国人民银行与白俄罗斯中央银行续签规模为70亿元人民币/22.2亿白俄罗斯卢布的双边本币互换协议。

5月16日，为进一步完善跨境资金流动管理，推进金融市场开放，中国人民银行办公厅印发《关于进一步完善跨境资金流动管理　支持金融市场开放有关事宜的通知》（银办发〔2018〕96号）。

5月23日，中国人民银行与巴基斯坦中央银行续签规模为200亿元人民币/3 510亿巴基斯坦卢比的双边本币互换协议。

5月25日，中国人民银行与智利中央银行续签规模为220亿元人民币/22 000亿智利比索的双边本币互换协议。

5月28日，中国人民银行与哈萨克斯坦中央银行续签规模为70亿元人民币/3 500亿哈萨克斯坦坚戈的双边本币互换协议。

6月1日，中国A股股票正式纳入明晟（MSCI）新兴市场指数和全球基准指数，有利于吸引境外投资者配置人民币股票资产。

6月11日，为规范人民币合格境外机构投资者境内证券投资管理，中国人民银行、国家外汇管理局发布《关于人民币合格境外机构投资者境内证券投资管理有关问题的通知》（银发〔2018〕157号）。

6月13日，为进一步完善人民币购售业务管理，人民银行发布《关于完善人民币购售业务管理有关问题的通知》（银发〔2018〕159号），开放了证券投资项下跨境人民币购售业务。

8月20日，中国人民银行与马来西亚中央银行续签规模为1 800亿元人民币/1 100亿马来西亚林吉特的双边本币互换协议。

9月3日，中国外汇交易中心正式引入中国工商银行（阿拉木图）股份公司与工银标准银行公众有限公司参与银行间外汇市场人民币对坚戈区域交易，并决定延长人民币对坚戈区域交易时间，由10:30～16:30调整为10:30～19:00。

9月8日，为促进全国银行间债券市场对外开放，规范境外机构债券发行，保护债券市场投资者合法权益，人民银行和财政部联合下发《全国银行间债券市场境外机构债券发行管理暂行办法》（中国人民银行　财政部公告〔2018〕第16号）。

10月13日，中国人民银行与英格兰银行续签规模为3 500亿元人民币/400亿英镑的双边本币互换协议。

10月22日，中国人民银行与日本银行签署了在日本建立人民币清算安排的合作备忘录；26日，授权中国银行东京分行担任日本人民币业务清算行。

10月26日，中国人民银行与日本银行签署规模为2 000亿元人民币/34 000亿日元的双边本币互换协议。

11月16日，中国人民银行与印度尼西亚中央银行续签规模为2 000亿元人民币/440万亿印尼卢比的双边本币互换协议。

11月20日，中国人民银行与菲律宾中央银行签署了在菲律宾建立人民币清算安排的合作备忘录。

11月30日，以人民币计价的精对苯二甲酸期货正式引入境外交易者。

12月10日，中国人民银行与乌克兰中央银行续签规模为150亿元人民币/620亿乌克兰格里夫纳的双边本币互换协议。

2019年

1月31日，彭博公司正式确认将于2019年4月起将中国债券纳入彭博巴克莱债券指数。

2月11日，中国人民银行与苏里南中央银行续签规模为10亿元人民币/11亿苏里南元的双边本币互换协议。

2月28日，明晟（MSCI）宣布，大幅提升A股在其全球指数中的权重，分三阶段将纳入因子由5%增加至20%。

后 记

回顾十年来中国金融改革开放的历史，人民币国际化是最大亮点之一。为更好地研究人民币国际化发展，从2015年开始，人民银行货币政策二司组织人员编写人民币国际化的发展情况并出版年度中英文双语报告，供国内外市场参与者和研究人士参考。报告涉及面广，涵盖人民币国际使用的各方面表现、相关政策及改革进展、全球主要经济体相关情况、趋势展望等主要内容，数据翔实并附有重要内容专栏介绍。

《2019年人民币国际化报告》由人民银行宏观审慎管理局会同货币政策司、支付结算司、货币金银局及济南分行、西安分行、呼和浩特中心支行、合肥中心支行、长沙中心支行、银川中心支行跨境人民币业务相关工作人员共同撰写和翻译。其间，得到中国银行及中国金融出版社相关工作人员的大力支持。在此，对所有关心和支持本报告出版的单位和人员表示衷心感谢。

由于水平有限，本报告的编辑和翻译难免有不当之处，恳请读者批评指正。

编者

二〇一九年六月

KEY ABBREVIATIONS

ASEAN	Association of Southeast Asian Nations
ATM	Automated Teller Machine
B&R	The Belt and Road
BIS	Bank for International Settlements
BOE	Bank of England
CBRC	China Banking Regulatory Commission
CDs	Certificates of Deposits
CFETS	China Foreign Exchange Trade System
CGSDTC	China Government Securities Depository Trust & Clearing
CIBM	China's Interbank Bond Market
CIF	Cost, Insurance and Freight
CIPS	Cross-border Interbank Payment System
CIRC	China Insurance Regulatory Commission
CMU	Central Money Market Unit
COFER	Currency Composition of Official Foreign Exchange Reserves
CPPCC	Chinese People's Political Consultative Conference
CSDC	China Securities Depository and Clearing
CSRC	China Securities Regulatory Commission
DNS	Deferred Net Settlement
DVP	Delivery Versus Payment
ECB	European Central Bank
ETFs	Exchange Traded Funds
EURIBOR	European Interbank Offered Rate
FDI	Foreign Direct Investment
FX	Foreign Exchange
HIBOR	Hong Kong Interbank Offered Rate
HKEX	Hong Kong Stock Exchange
HKMA	Hong Kong Monetary Authority

IEA	International Energy Agency
IMF	International Monetary Fund
INE	International Energy Exchange
KRX	The Korea Exchange
LIBOR	London Interbank Offered Rate
LUXSE	Luxembourg Stock Exchange
MOF	Ministry of Finance
MOU	Memorandum of Understanding
MRF	Mutual Recognition of Funds
MSCI	Morgan Stanley Capital International
NDF	Non-deliverable Forwards
NEER	Nominal Effective Exchange Rate
NPC	National People's Congress
NRA	Non-resident Account
ODI	Outward Direct Investment
OPEC	Organization of the Petroleum Exporting Countries
OTC	Over-the-Counter
PBC	The People's Bank of China
PTA	Pure Terephthalic Acid
PVP	Payment Versus Payment
QFII	Qualified Foreign Institutional Investor
RCPMIS	RMB Cross-border Payment Management Information System
REER	Real Effective Exchange Rate
REIT	Real Estate Investment Trust
RMB	Renminbi
RQDII	Renminbi Qualified Domestic Institutional Investor
RQFII	Renminbi Qualified Foreign Institutional Investor
RTGS	Real Time Gross Settlement

SAFE	State Administration of Foreign Exchange
SAR	Special Administrative Region
SCH	Shanghai Clearing House
SDR	Special Drawing Right
SGX	Singapore Exchange
SHFE	Shanghai Futures Exchange
SHIBOR	Shanghai Interbank Offered Rate
SWIFT	Society for Worldwide Interbank Financial Telecommunication
UAE	United Arab Emirates
UNIPEC	China International United Petroleum & Chemicals Co., Ltd.
WGBI	World's Government Bond Index

PART ONE

Ten-year Development of RMB Internationalization

Over the past four decades of reform and opening-up, China's economic strength had significantly enhanced, and a new system of an open economy had been gradually improved. China was playing an increasingly important role in the global economy. With the continuous improvement of China's opening-up, China's economy had been fully integrated into the world economic system, and renminbi (RMB) had gradually gone globally. Since 2008, the People's Bank of China (PBC) together with market institutions, had promoted the international use of RMB in an orderly manner in accordance with the principles of respecting market demands, serving the real economy and ensuring risk control. Over the past decade, the policy framework for cross-border RMB business had been basically established, the infrastructure had been gradually improved, and the international use of RMB had developed steadily. Especially since the 18th National Congress, RMB had joined the Special Drawing Right (SDR), its status of international currency had been preliminarily established, the convertibility of capital account of the RMB had been promoted orderly, and the opening of financial market had achieved remarkable results. At present, RMB had been the 2nd ranked cross-border settlement currency for eight consecutive years in China, and ranked the 5th for payment, the 3rd for trade financing, the 8th for foreign exchange trading and the 6th for reserves around the world. More than sixty central banks or monetary authorities around the world had incorporated the RMB into their foreign exchange reserves. More than three hundred and twenty thousand enterprises and two hundred and seventy banks had carried out cross-border RMB business, and two hundred and forty two countries and regions had conducted cross-border RMB settlement with China. The settlement function of RMB had been strengthened continuously, and its investment and financing as well as trading function had also been deepened constantly. It had made a breakthrough regarding to the pricing function, and its function as a reserve currency had gradually emerged.

I. Policy Evolution and Achievements in Development

In the early stage of the reform and opening up, RMB flowed out to China's neighboring countries, as well as Hong Kong, Macau and Taiwan regions of China on a small scale through channels such as personnel exchanges, border trade and border tourism. Since the outbreak of the international financial crisis in 2008, the exchange rates of major international reserve currencies, such as USD, EUR, and JPY, had fluctuated significantly and the demand for cross-border use of RMB by enterprises and individuals had been increasing. The internationalization of RMB was launched following voice of the market. Over the past decade, the policy restrictions on the cross-border use of RMB had been gradually lifted. The international use of RMB had undergone a gradual development from current account to capital account, from banks and enterprises to individuals, and from simple businesses to complex ones. The function of RMB, as an international currency, had also been expanded from the single settlement function to functions of investment and financing, trading and pricing, and international reserve.

1. From Pilot Program for Trade Settlement to Current Account Settlement

After the international financial crisis in 2008, in order to reduce the exchange cost and obtain stable trade financing, domestic import and export enterprises put forward the demands on RMB settlement in cross-border trade. In July 2009, RMB settlement pilot program for cross-border trade were launched in Shanghai and other four cities in Guangdong province, including Guangzhou, Shenzhen, Zhuhai and Dongguan, and the geographical scope of overseas counterparties was limited to Hong Kong SAR of China, Macau SAR of China and Association of Southeast Asian Nations (ASEAN) countries. In June 2010, the six ministries and commissions including the PBC jointly expanded the pilot areas to twenty provinces (including autonomous regions and municipalities directly under the central government) such as Beijing and Tianjin, and lifted the restriction on the geographical scope of the overseas counterparties. The scope of pilot businesses covered settlements for cross-border trade in goods and services and other settlements under current account. In August 2011, the pilot program was expanded to the nationwide with the business scope covering settlements of cross-border trade in goods and services and other settlements under current account. Since 2009, the annual amount of cross-border RMB settlements under current account had grown rapidly, which was less than RMB 400 billion yuan in the initial stage, and in 2015, reached RMB 7 trillion yuan, and then entered into a steady growth path.

2. From Current Account Settlement to Capital Account Settlement

With the further development of the pilot program of RMB settlement for cross-border trade, the demand of domestic and foreign institutions for using RMB in direct investment had been increasing. In October 2010, the PBC launched a pilot program in Xinjiang to conduct RMB outward direct investment (ODI) by domestic enterprises. In January 2011, the PBC allowed the pilot regions of RMB settlement for cross-border trade to conduct RMB settlement for ODI. In August, RMB settlement pilot program for cross-border trade was expanded nationwide, as were the businesses of RMB ODI. In October, the policy on foreign direct investment (FDI) business was introduced. The cross-border RMB settlement for ODI and FDI emerged from scratch, and their share in the whole cross-border settlements for direct investment continued to expand, rising from less than 5% in 2010 to over 50% in 2018. Policies on RMB cross-border trade financing, RMB loans for overseas projects, overseas RMB lending by domestic enterprises and cross-border RMB cash pool business were also launched and improved.

3. Continuously Promoting Two-way Opening of Financial Markets

With the accumulation of offshore RMB, the demand of using RMB for investment and asset allocation had been increasing. At the same time, the process of two-way opening of China's financial markets had been accelerating, and investment channels such as China's Interbank Bond Market (CIBM), Renminbi Qualified Foreign Institutional Investment (RQFII), Renminbi Qualified Domestic Institutional Investment (RQDII), the Shanghai-Hong Kong Stock Connect and the Shenzhen-Hong Kong Stock Connect, Mutual Recognition of Funds (MRF), Bond Connect and International Board of Gold Exchange had been opened. The types of domestic entities issuing RMB bonds abroad and offshore entities issuing RMB bonds in China (Panda Bonds) had become more diversified. From scratch, cross-border RMB settlement under securities investment grew from RMB 100 billion yuan in 2011 to over RMB 6 trillion yuan in 2018, and the growth rate in 2018 reached 84%.

4. RMB's Inclusion into SDR Laid an Initial Foundation for its International Currency Role

In October 2016, the RMB officially joined the SDR currency basket, with a weight of 10.92%, ranking the 3rd among the basket currencies. In the fourth quarter of 2016, the size of RMB reserves in the IMF's Currency Composition of Official Foreign Exchange Reserves (COFER) equaled to USD 90.78 billion, which was the first time for the IMF to release the information of RMB reserves. By the end of the fourth quarter of 2018, the size of RMB reserves in COFER had equaled to USD 202.79 billion, accounting for 1.89% of the total, ranking the 6th among the major reserve currencies. According to incomplete statistics, more than sixty central banks or monetary authorities had included the RMB in their foreign exchange reserves.

II. Achievements in Infrastructure Construction

1. RMB Cross-border Interbank Payment System

The PBC started the construction of RMB Cross-border Interbank Payment System (CIPS) in 2012. In these years, the functions of CIPS had been constantly improved, the number of participants had been increasing, and the business volume had been rising. The efficiency of clearing and settling had been widely recognized by participants. In October 2015, CIPS (phase I) was put into operation, introducing the real-time gross settlement mode to support payment businesses such as remittance of customers and financial institutions, which fulfilled the settlement needs of cross-border RMB trade, investment and financing businesses in major time zones around the world. In October 2017, Bond Connect was launched and CIPS fulfilled the settlement needs accordingly. CIPS connected China's mainland with a number of different economies' market by using Hong Kong as a node, and it supported an internationally prevalent settlement mode of delivery versus payment (DVP) and covered business scope of spot trading, underwriting and repurchase of bonds, which met the needs of international investors to invest in the mainland bond market without changing their business habits. In May 2018, CIPS (phase II) was launched and the deferred net settlement (DNS) mode was introduced. The operating hours were extended from 5×12 to 5×24+4 hours, fully covering the working hours of all financial markets in every time zone around the globe and supporting intraday settlement. CIPS added a night session for the interbank money market, which met the needs of domestic and foreign direct participants for liquidity adjustment at night. In addition to DVP, CIPS also launched the payment versus payment (PVP) mode for RMB against foreign currencies, and centralized clearing mode for the central counterparty.

By the end of 2018, CIPS had involved thirty-one direct participants and eight hundred and eighteen indirect participants, covering eighty-nine countries and regions in six continents. The business actually had covered one hundred and sixty-one countries and regions and two thousand six hundred and fifty-nine incorporated financial institutions. As of the end of 2018, CIPS had handled more than 3.42 million cross-border payment transactions with an amount of RMB 45.84 trillion yuan.

2. RMB Cross-border Payment Management Information System

In July 2009, the PBC launched the RMB Cross-border Payment Management Information System (RCPMIS) to support the orderly development of the pilot business of cross-border RMB settlements. RCPMIS was currently the only nationwide information management system in China that specialized in monitoring the cross-border flows of RMB funds.

Since its launch, system performance of the RCPMIS had been continuously optimized to meet the needs of business development. After several times of upgrading and reconstruction, the information collected by the system had covered business information, flow information and stock information related to RMB cross-border receipts and payments. The statistic and monitoring function had been gradually improved to meet the needs of the PBC for the analysis, monitoring, evaluation and macro-control decision-making regarding RMB cross-border settlement. By the end of 2018, four hundred and twenty-four incorporated banking institutions and clearing banks in Hong Kong and Macau regions had connected to RCPMIS, with sixty-nine thousand two hundred and forty-nine effective users, and more than 33.78 million pieces of data and information had been collected.

3. The Operation of Cross-border Transportation of RMB Banknotes

Since 2009, the business scale of cross-border RMB banknotes transportation had continued to grow. The amount of cross-border RMB banknotes transportation by banks had increased from the initial RMB 10.9 billion yuan in 2009 to RMB 117.1 billion yuan in 2018, with an average annual growth rate of 28.9%.

Before 2009, RMB banknotes transportation mainly took place in Hong Kong, Macau regions of China, as well as Mongolia, Vietnam and other neighboring countries. Since 2010, the clearing bank in Hong Kong, relying on the depository vault of Bank of China (Hong Kong), had provided the channel of supply and backflow of offshore RMB banknotes, which had gradually extended globally. There had been three ways of cross-border RMB banknotes transportation used by banks: the overseas depository vault mode, the overseas clearing bank mode and the correspondent bank mode. With the continuous optimization of the overseas RMB clearing mechanism, transportation, and deposit and withdrawal environment, the secondary market of overseas RMB banknotes had continued to develop, and it had been increasingly convenient to obtain RMB banknote abroad.

III. Achievements of Central Bank Cooperation

1. Bilateral Local Currency Swap

In 2008, when the international financial crisis broke out, the global financial system experienced severe liquidity difficulties, and some trading and investment partners needed liquidity supports. Approved by the State Council, the PBC had signed bilateral local currency swap agreements with central banks or monetary authorities of thirty-eight countries and regions, with a total amount of over RMB 3.7 trillion yuan since 2008. Local currency swap arrangements had played a positive role in facilitating trade and investment between China as well as relevant countries and regions, maintaining financial stability and promoting the international use of the RMB. By the end of 2018, there had been thirty valid agreements with a total amount of RMB 3.48 trillion yuan.

2. RMB Clearing Arrangement

Approved by the State Council, the PBC allowed banks in Hong Kong and Macau regions to provide clearing arrangements for personal RMB business in 2003 and 2004, and authorized Bank of China (Hong Kong) and Macau Branch of Bank of China to act as RMB clearing banks in Hong Kong and Macau regions respectively. In 2009, the pilot program of RMB settlement for cross-border trade was launched, and the business scope of RMB clearing banks in Hong Kong and Macau regions was expanded accordingly. In order to comply with the development of the overseas RMB markets and expand the two-way opening of financial markets, the PBC had signed

MOU with overseas central banks or monetary authorities, established RMB clearing arrangements in twenty-five countries and regions, and authorized twenty-five local banks to act as RMB clearing banks, including twenty-four Chinese-funded banks and one foreign-funded bank. At present, overseas RMB clearing banks had covered Hong Kong, Macau, and Taiwan regions of China, as well as Southeast Asia, Europe, North and South America, Oceania, the Middle East and Africa.

PART TWO
The International Use of the RMB in 2018

In 2018, against the backdrop of complex and volatile economic and financial situations at home and abroad, greater capital outflow pressure, and increased fluctuation of RMB exchange rate featuring first appreciating and then depreciating, RMB cross-border settlement maintained a relatively rapid growth, the share of cross-border RMB settlements in total cross-border settlements reached a record high, and the overall balance of settlement showed a small net inflow.

The main features of the international use of RMB in the whole year were as follows: first, the amount of settlement under current account rebounded year on year, net outflows of trade in goods decreased, settlement of service trade increased significantly, while the net outflows of service trade and income increased. Second, the opening of financial markets continued to deepen. For the first time, the amount of settlement under the capital account was double the amount under the current account, among which securities investment increased significantly, and the direct investment in China's interbank bond market (CIBM) attracted the highest net inflows. Third, the offshore RMB market had maintained a steady development. The onshore RMB exchange rate had played a leading role in forming the offshore RMB exchange rate. The linkage between the offshore and onshore markets had gradually increased, and the breadth and depth of the offshore market continued to expand.

I. General Situation of Cross-border Use of RMB

In 2018, RMB cross-border settlement amounted to RMB 15.85 trillion yuan, increasing 46.3% year on year. Total receipts were RMB 8 trillion yuan, up 51.6% year on year, and total payments were RMB 7.85 trillion yuan, up 41.3% year on year, with a receipt to payment ratio of 1 : 0.98, which resulted in a net inflow of RMB 154.4 billion yuan, compared with a net outflow of RMB 276.5 billion yuan in 2017. RMB cross-border settlement accounted for 32.6% of the total cross-border settlement during the same

Figure 2-1 Monthly RMB Settlement during 2017-2018

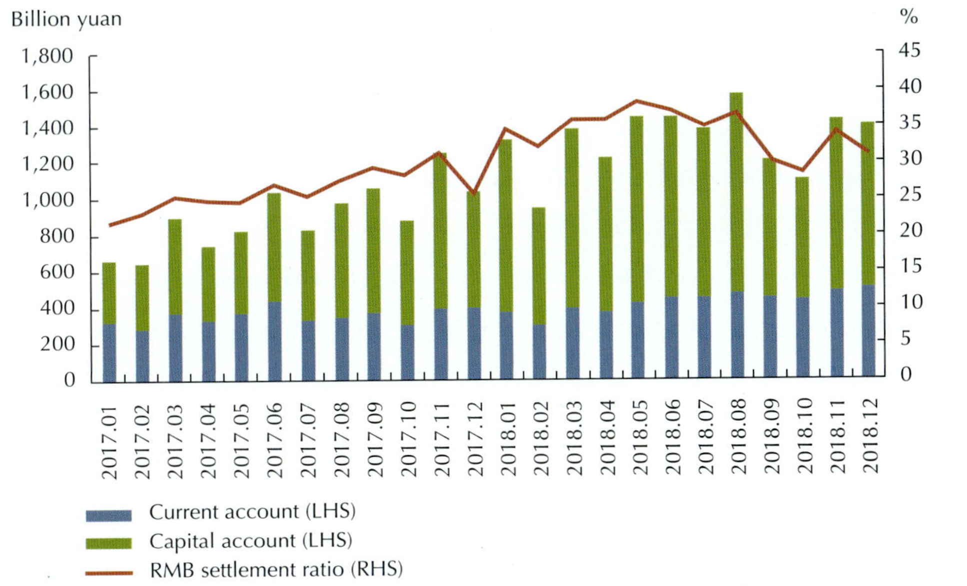

Source: PBC.

Figure 2-2 Proportion of RMB in Total Cross-border Receipts and Payments during 2010-2018

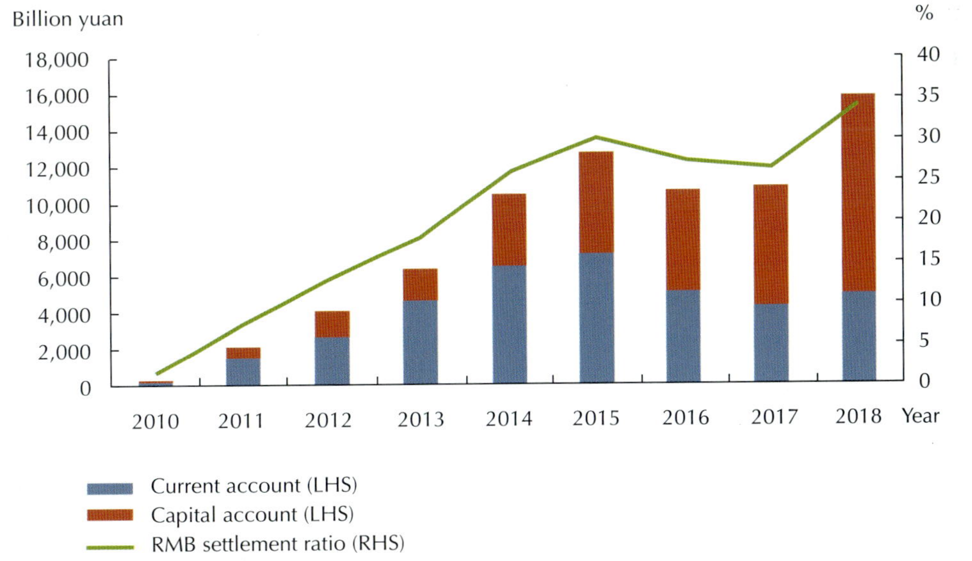

Source: PBC.

period, which was a record high with an increase of about 7 percentage points over the previous year. The RMB had been China's 2nd largest cross-border settlement currency for eight consecutive years. According to SWIFT, by the end of 2018, the RMB had been the 5th largest payment currency in the world, only next to USD, EUR, GBP and JPY, with a share of 2.07% in the total global payment amount, up from 1.61% in 2017. 79% of the offshore settlement occurred in Hong Kong.

In 2018, Shanghai, Beijing and Shenzhen ranked top three in terms of annual cross-border RMB settlement volume, with a share of 45.8%, 14.1% and 10.3% of the total cross-border RMB settlements respectively. There were nine provinces (including autonomous regions and municipalities directly controlled by the central government), two more than last year, each enjoying more than RMB 200 billion yuan cross-border RMB settlements. Furthermore, the total amount of RMB settlements in eight border provinces (including autonomous regions) reached approximately RMB 471.8 billion yuan, up17.6% year on year.

Table 2-1 Cross-border RMB Settlement by Provinces in 2018

Unit: billion yuan

Ranking	Region	Current account	Capital and financial account	Total	Share (%)
1	Shanghai	1,133.30	6,132.06	7,265.36	45.8
2	Beijing	697.36	1,533.99	2,231.34	14.1
3	Shenzhen	677.59	962.71	1,640.30	10.3
4	Guangdong (Excluding Shenzhen)	771.76	756.20	1,527.96	9.6
5	Jiangsu	400.48	225.54	626.02	3.9
6	Zhejiang	325.24	202.56	527.80	3.3
7	Fujian	53.23	184.04	237.27	1.5
8	Others	1,047.92	749.51	1,797.42	11.3
9	Total	5,106.87	10,746.62	15,853.49	100.0

Source: PBC.

In 2018, the amount of cross-border RMB settlements with Hong Kong SAR of China accounted for 40.5% of all the cross-border RMB settlements in terms of volume, followed by Singapore with a share of 9%, Germany of 4.2%, and South Korea of nearly 4%. The share of Singapore, South Korea, UK, Switzerland, Netherlands, Luxembourg, as well as Taiwan and Macau regions of China saw a significant increase compared with 2017.

Figure 2-3 Distribution of RMB Cross-border Receipts and Payments by Country and Region in 2018

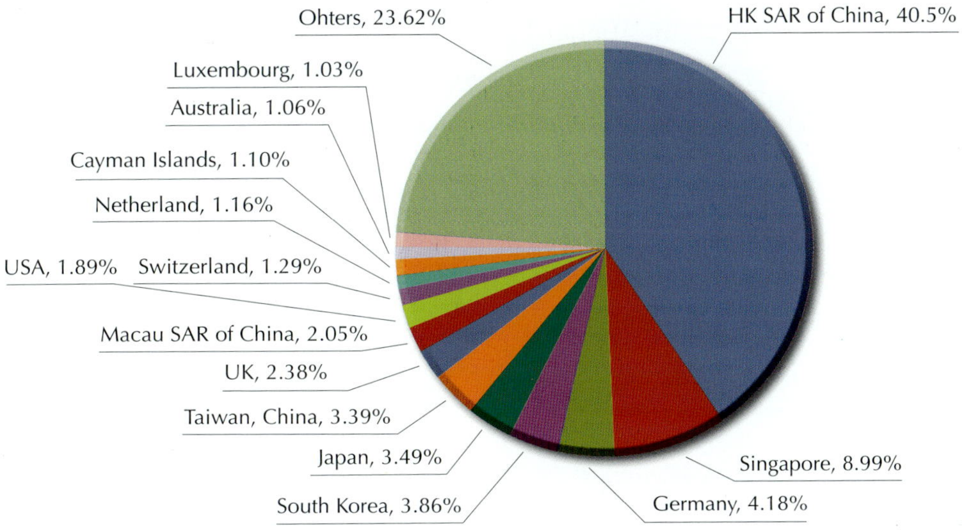

Source: PBC.

In 2018, China and the countries along the Belt and Road (hereinafter referred to as the countries along the B&R) handled cross-border RMB settlements amounted to over RMB 2.07 trillion yuan, accounting for 13.1% of the total cross-border RMB settlements during the same period, among which trade in goods accounted for RMB 613.4 billion yuan, direct investment for RMB 224.4 billion yuan, other investment for RMB 333.1 billion yuan, and cross-border financing for RMB 313.2 billion yuan. By the end of 2018, China had signed bilateral local currency swap agreements with twenty-one countries along the B&R and established RMB clearing arrangements in eight countries and RQFII pilot programs in six countries. The RMB had been directly traded with nine currencies, and regionally traded with three currencies of countries along the B&R.

Box 1 The Use of RMB in Neighboring Countries

In 2018, the cross-border RMB settlements between China and neighboring countries amounted to RMB 3.1 trillion yuan, with a year-on-year increase of 46.3%, higher than the average increase rate. Among them, the RMB settlements under the current account amounted to RMB 1.1 trillion yuan, with a year-on-year increase of 13%. The amount of cross-border RMB settlements for direct investment reached RMB 282.8 billion yuan, with a year-on-year increase of 68.1%. The total amount of cross-border RMB settlement for trade and investment accounted for more than 40% of the total cross-border RMB settlement volume. Among them, the cross-border RMB settlements with Nepal increased by nine times and with Belarus by seven times year on year, and that with thirteen countries such as Singapore, South Korea, Russia and Thailand increased by more than 50% year on year. Fifteen foreign central banks including Singapore, South Korea, Russia and Cambodia had included RMB assets into their foreign exchange reserves.

Currently, China had established RMB clearing arrangements in six neighboring countries, signed bilateral local currency settlement agreements with nine neighboring countries such as Vietnam, Kazakhstan, and signed bilateral local currency swap agreements with central banks or monetary authorities of fourteen neighboring countries such as Mongolia and Japan.

In February 2018, regional trading of RMB against Thai Baht was extended to the national interbank foreign exchange market. In September, the direct quotation and position squaring mechanism of RMB against Kazakhstani Tenge was launched, and the first batch of overseas banks was introduced to join the regional trading in the interbank foreign exchange market. Thus a listing trading system of RMB against Kazakhstani Tenge was initially formed based on the bank-counter listing and supported by regional trading in the interbank foreign exchange market.

In addition, China launched the "Port Interconnection Information Service Platform" and the "China (Xinjiang)-Silk Road Currency Regional Trading Information Platform" in 2018, as well as developed and completed the bank account service platform for overseas border residents, which greatly facilitated border residents to participate in border trade.

In 2018, China established a China-Laos land transportation route for bilateral banknotes, set up a new Yunnan-Laos transportation channel—the "Mohan-Boten" route, opened a land transportation route with Russia for cross-border RMB banknotes, and completed the transportation of Kazakhstani Tenge banknotes for the first time.

The use of RMB in neighboring countries was conducive to promoting economic and trade exchanges between China and neighboring countries, which would bring China's development achievements to benefit neighboring countries and facilitate the formation of a new pattern of China's overall opening up.

II. Current Account

In 2018, the total amount of cross-border RMB settlements under the current account was RMB 5.11 trillion yuan with a year-on-year increase of 19%, among which the receipts amounted to RMB 2.06 trillion yuan, up 19% year on year, and the payments amounted to RMB 3.05 trillion yuan, up 17% year on year, with net payments amounted to about RMB 0.99 trillion yuan, increasing 14% year on year. The share

Figure 2-4 Monthly RMB Settlements under the Current Account during 2017-2018

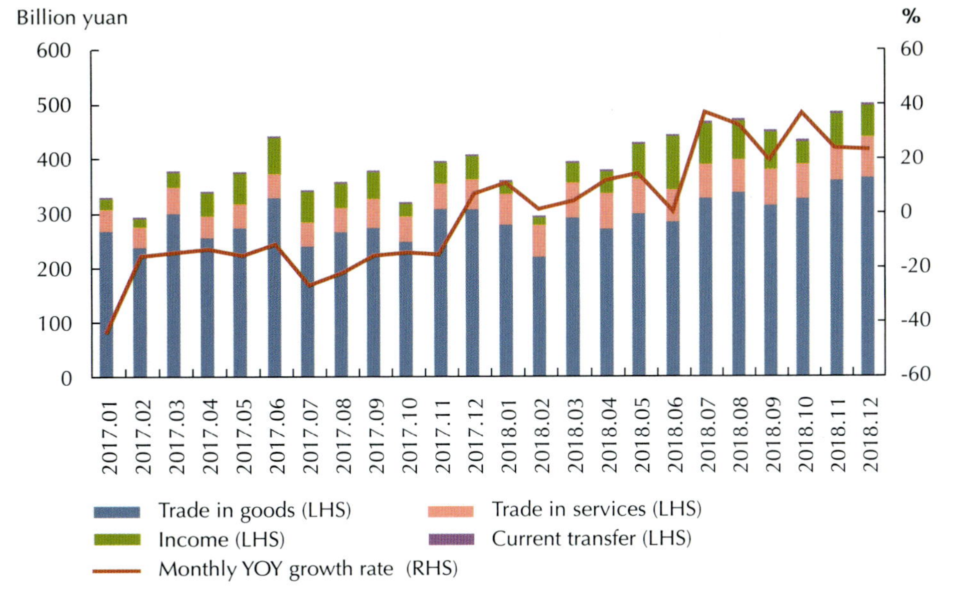

Source: PBC.

Figure 2-5 The Share of RMB Settlement in Total Cross-border Settlement under Current Account during 2017-2018

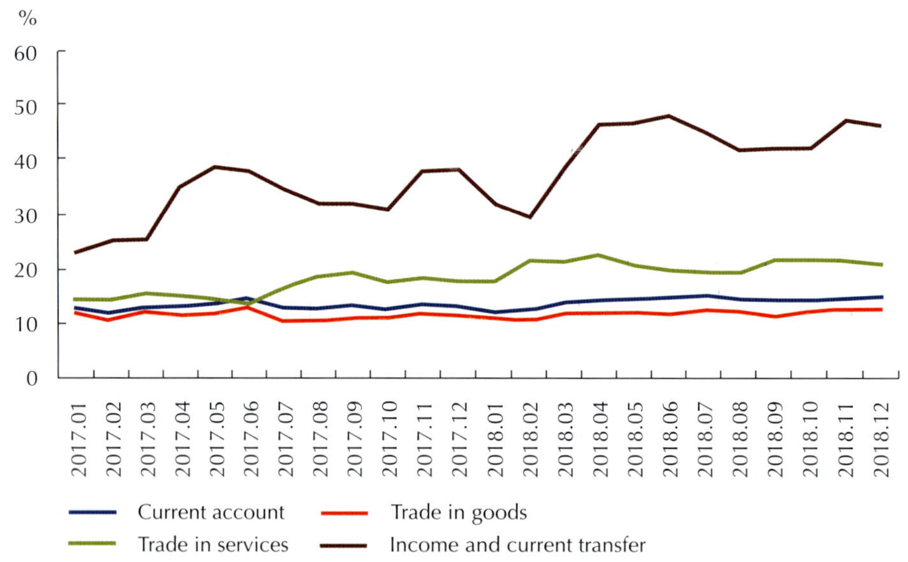

Source: PBC.

of cross-border RMB settlements under the current account in total cross-border settlements by both RMB and foreign exchange moderately increased to a ratio of 14% in 2018, one percentage point higher compared with 2017.

1. Trade in Goods

In 2018, the total amount of cross-border RMB settlement for trade in goods reached RMB 3.66 trillion yuan, up 13.2% year-on-year, with a share of 11.7% in total cross-border settlements by both RMB and foreign exchange, which was 0.3 percentage point higher compared with 2017. The net outflow of RMB funds under trade in goods was RMB 396.2 billion yuan, down 15% year on year. Among them, RMB cross-border settlement for general trade totaled RMB 2.21 trillion yuan, basically unchanged year on year, and RMB settlements for offshore transit trade and imported materials processing trade decreased by 71.7% and 31% year on year respectively. With the continuous improvement of cross-border RMB business management, the RMB settlements of offshore transit transactions had dropped significantly, from a record high of RMB 1.88 trillion yuan in 2015 to more than RMB 100 billion yuan in 2018. The cross-border RMB business of trade in goods had been developing in a more sound way.

2. Trade in Services

In 2018, RMB cross-border settlement for trade in services totaled RMB 768.8 billion yuan, up 32.9% year on year and accounting for 20.4% of total cross-border settlement by both RMB and foreign exchange during the same period, up 4.4 percentage points year on year. The net outflow of RMB funds under trade in services was RMB 93.3 billion yuan, up by RMB 90.9 billion yuan year-on-year. Cross-border settlement of trade in services mainly focused on overseas hotels, air tickets, tuition fees, tourism and computer services. Among them, the RMB cross-border settlement by third-party payment companies totaled RMB 179 billion yuan, up 171.8% year on year.

3. Income and Current Transfer

In 2018, RMB cross-border settlement under income totaled RMB 651.5 billion yuan, increasing 32% year on year, while that under current transfer totaled RMB 29.4 billion yuan, up 23% year on year. Under the income and current transfer, the share of RMB cross-border settlement in total cross-border settlements by both RMB and foreign exchange accounted for 43.4%, increasing 10.2 percentage points year-on-year. The net outflow of RMB funds under income reached RMB 515 billion yuan, up 27% year on year, while the net inflow of RMB under current transfer totaled RMB 24.4 billion yuan, increasing 74% year on year.

Box 2 Multinational Enterprises Prefer RMB in Cross-border Receipt and Payment

With the improvement of China's comprehensive national strength, China was playing an increasingly important role in the global layout of multinational enterprises. Taking Shanghai as an example, eighty three of the top five hundred companies in the world had set up regional headquarters in Shanghai to undertake various functions such as fund management, procurement, sales and settlements in China. In 2018, a total volume of RMB 174.2 billion yuan of cross-border RMB settlement was conducted by multinational enterprises in Shanghai, accounting for 54% of their total cross-border receipts and payments in RMB and foreign exchange during the same period. The cross-border RMB settlement volume exceeded that of foreign exchange settlement for the first time. Among these, there were twenty enterprises whose share of RMB cross-

border receipts and payments in total cross-border settlements reached above 90%. Many multinational enterprises had considered to settle all the cross-border businesses related to China in RMB.

Cross-border RMB businesses had brought tangible benefits to multinational enterprises. First, it was conducive to avoiding exchange rate risks and reducing exchange costs. Second, it was conducive to reducing operating costs of supply chain and making upstream and downstream enterprises focus on their main businesses. Third, it was conducive to improving the efficiency of cross-border fund settlement. Fourth, it was conducive to enhancing the discourse power of the regional headquarters of multinational enterprises in China. Many multinational enterprises in China had actively sought to persuade their parent companies to use RMB for their China-related businesses and hand the group's global RMB assets over to domestic companies for centralized operations.

Since 2018, the RMB exchange rate had shown some fluctuations, but multinational enterprises had not reduced the cross-border use of RMB, which shows that multinational enterprises had formed a certain path dependence on the use of RMB cross-border settlement. The survey shows that multinational enterprises expect to maintain the current sound business environment, keep the stability and continuity of cross-border RMB policies. And they also wish to further improve policy convenience and enhance the convertibility and free usability of RMB.

III. Capital Account

In 2018, the cross-border RMB settlement under the capital account totaled RMB 10.75 trillion yuan, with a year on year increase of 65%, of which receipts stood at RMB 5.94 trillion yuan and payments stood at RMB 4.81 trillion yuan, with a net inflow of RMB 1.13 trillion yuan. The shares of direct investment, securities investment and cross-border financing in the net inflow of capital account were 21.7%, 69.3% and 7.6% respectively.

Figure 2-6 Cross-border RMB Settlement under the Capital Account during 2017-2018

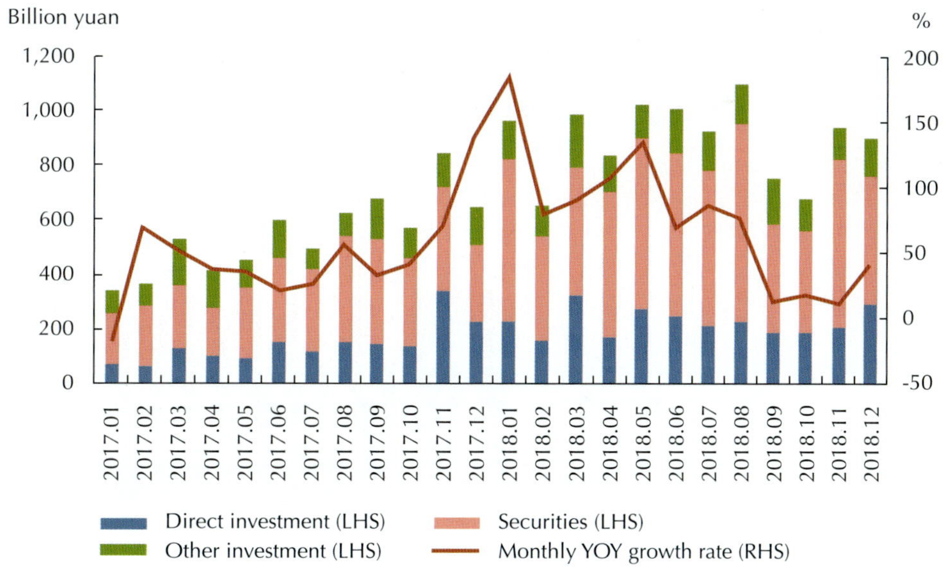

Source: PBC.

1. Direct Investment

In 2018, the cross-border RMB settlement under the direct investment totaled RMB 2.66 trillion yuan with a year on year increase of 61.1%, accounting for 59.5% of China's total RMB and foreign currency cross-border settlements with a year on year increase of 10.2 percentage points. The net inflow was RMB 246.4 billion yuan, with a year on year increase of 51%. In 2018, the volume of RMB settlement in ODI transactions stood at RMB 804.8 billion yuan, increasing 76.2% year on year, of which capital outflows stood at RMB 53 billion yuan and principle inflows stood at RMB 11.8 billion yuan, with a net outflow of RMB 41.2 billion yuan. The volume of RMB settlement in FDI transactions was RMB 1.86 trillion yuan, increasing 57.5% year on year, of which principle inflows stood at RMB 287.4 billion yuan and principle outflows stood at RMB 131.6 billion yuan, with a net inflow of RMB 155.8 billion yuan.

2. The Cross-border RMB Cash Pooling Business

By the end of 2018, one thousand two hundred and fifty-three cross-border RMB cash pools had been set up across the country. The volume of cross-border RMB cash pooling business totaled RMB 1.68 trillion yuan with a year-on-year increase of 57%, of which payments and receipts stood at RMB 804.7 billion yuan and RMB 872.1 billion yuan respectively, resulting in a net inflow of RMB 67.3 billion yuan.

Figure 2-7 Monthly Cross-border RMB Settlement of Direct Investment during 2017-2018

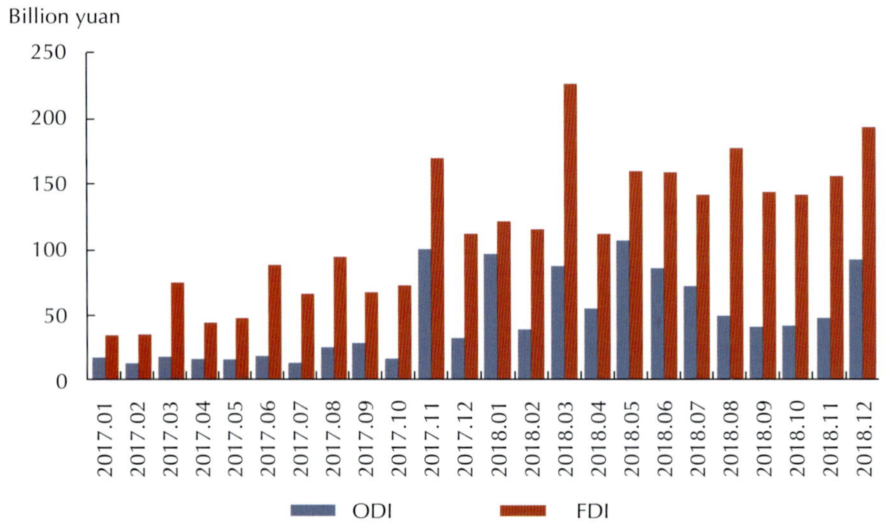

Source: PBC.

Figure 2-8 Monthly Settlement of Cross-border RMB Cash Pooling Business during 2017-2018

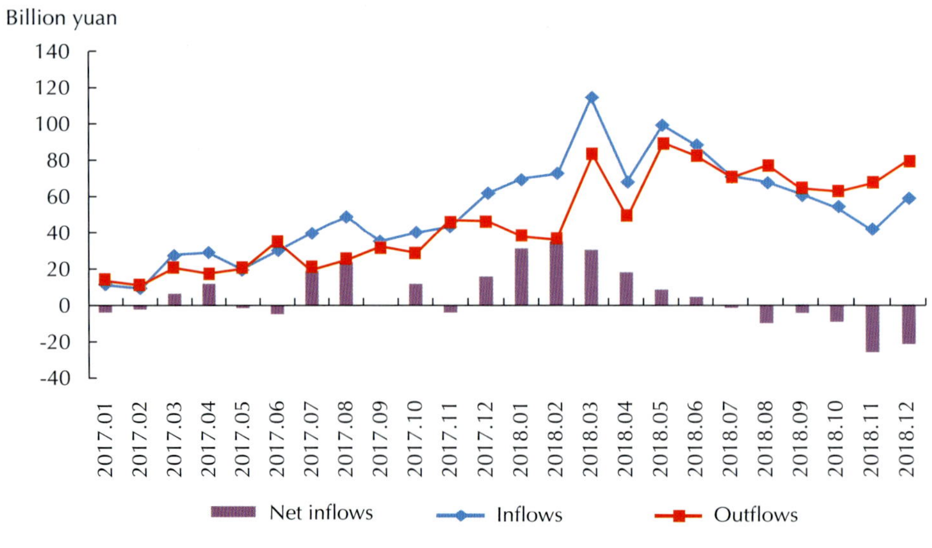

Source: PBC.

3. Panda Bond

By the end of 2018, the issuers of Panda Bonds had covered international development institutions, foreign governments, foreign non-financial enterprises and financial institutions. The total registered or approved amount of Panda Bonds had reached RMB 662.3 billion yuan and the total issuance reached RMB 314.7 billion yuan. In 2018, the new issuing scale of Panda Bonds had reached nearly RMB 74.7 billion yuan, increasing 23.8% from a year earlier.

Box 3 Panda Bond was Welcome by the Market

Since 2018, with the accelerating development of two-way opening-up of China's financial market, the market of Panda Bond had attracted extensive attention from international market. The type of bond issuers further expanded, and the scale of issuance also increased significantly.

In terms of bond issuers, Panda Bond issued by non-financial enterprises grew the fastest in 2018, with 16 issuers issuing thirty-six Panda Bond amounting to RMB 62.7 billion yuan in total increasing 191.6% year on year. The total amount of Panda Bond issued by

Figure 2-9 The Distribution of Panda Bond Issuers in 2018

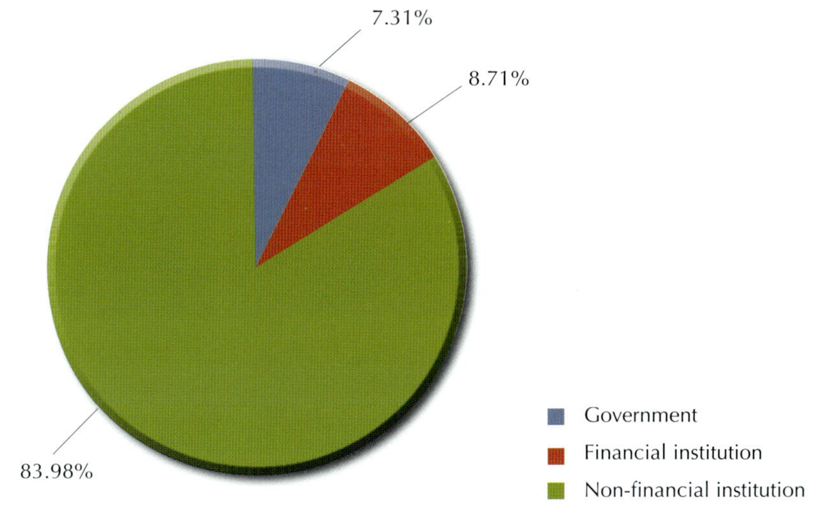

Source: PBC.

Figure 2-10 The Structure of Investment Institutions of Panda Bond in 2018

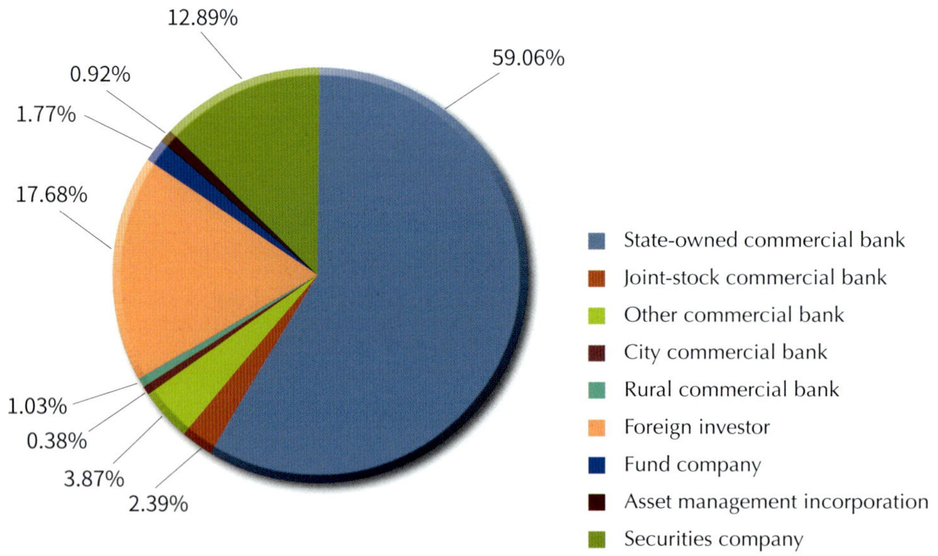

Source: PBC.

foreign governments of the Philippines, United Arab Emirates and Hungary was nearly RMB 5.5 billion yuan. By the end of 2018, six sovereign bond issuers respectively from Poland, Hungary, the Philippines, United Arab Emirates, Canada and South Korea had issued eight sovereign Panda Bonds, with a total issuance volume of nearly RMB 16.5 billion yuan. It was the first time for the Philippines and United Arab Emirates to access China to issue bond in 2018. Four financial institutions including MUFG Bank, Mizuho Bank, ABC International and BOCGI issued four Panda Bonds, with the scale of issuance totaling RMB 6.5 billion yuan. Overall, the scale of non-financial enterprises' bond issuance was the largest in 2018 accounting for 84%, while the scale of financial institutions' and foreign governments' bond issuance accounted for 8.7% and 7.3% respectively.

With Panda Bond market developing, the enthusiasm of investment institutions had been gradually elevated. In 2018, the types of institutions that participated in Panda Bond investment increased, with rural commercial banks and urban commercial banks participating gradually. The investment scale of domestic institutions of foreign commercial banks, such as HSBC (China), MUFJ (China) and Mizuho (China) had expanded significantly. In 2018, the total investment amount of foreign commercial banks exceeded RMB 1.3 billion yuan that was three times as much as in 2017. The enthusiasm of foreign investors had risen. In recent years, a lot of Panda Bond had been subscribed by foreign investors. In Hungary's, Canada's and the Philippines' issuance cases, foreign investors' subscription accounted for 55%, 73% and 88% respectively, including sovereign wealth funds and foreign central banks. Panda Bond had played an important role in connecting China's bond market with foreign issuers and investors.

In September 2018, the PBC and the MOF jointly issued the Interim Rules for the Administration of Bond Issuances by Overseas Institutions on the China's Interbank Bond Market (PBC and MOF Public Announcement [2018] No.16), which comprehensively standardized the procedure for issuance of bond by four types of foreign institutions in China, including issuance approval, registration, custody, settlement process as well as information disclosure of Panda Bond, clarified the accounting standards, audit supervision and other issues concerning the market. The implementation of the Rules was significant for the Panda Bond market's sound and standardized development. With the progress of RMB internationalization and the deepening of the opening-up of China's bond market, more issuers and investors would enter the market and there would be greater opportunities for Panda Bond.

4. Cross-border Securities Investment

In 2018, the foreign investors' demand to allocate RMB assets increased significantly. The cross-border settlements under securities investment totaled RMB 6.38 trillion yuan with an increase of 83.6%, of which net inflow reached RMB 786.3 billion yuan with an increase of 171% and had the largest contribution to the growth of capital account.

Bond investment. In 2018, one thousand one hundred and eighty six foreign institutions entered interbank bond market. There were seven hundred and seventy four institutions entering the market directly, five hundred and five institutions entering via Bond Connect, while ninety three institutions entering via both channels. In 2018, the volume of inflow was RMB 2.12 trillion yuan, and the volume of outflow was RMB 1.52 trillion yuan, resulting in a net inflow of RMB 602.2 billion yuan. Among them, the volume of settlements under Bond Connect totaled RMB 1.03 trillion yuan that increased 210%, with a net inflow of RMB 86.2 billion yuan which was basically the same as 2017. The settlements under CIBM totaled RMB 2.6 trillion yuan that increased 117%, with a net inflow of RMB 516 billion yuan that increased 125%.

Box 4 Chinese Bond were Included in Important International Indexes

In March 2018, Bloomberg announced the inclusion of Chinese government bonds and policy bank bonds in the Bloomberg Barclays Global Composite Index from April 2019 in twenty months. In April 2019, Bloomberg officially included Chinese bonds in the index, and RMB bonds became the fourth currency component of the index after the USD, EUR and JPY, which was the first time that RMB bonds were included in the world's three important international bond indexes.

In addition, FTSE Russell announced that it had added China to its index watch list and would publish whether to include Chinese bonds in the FTSE World's Government Bond Index (WGBI) in September 2019. JP Morgan Chase & Co. would also seek feedback on the inclusion of Chinese bonds during the index management meeting in the summer of 2019.

In recent years, the opening up of China's bond market had successively broadened. By the end of 2018, the scale of China's bond market had reached RMB 86 trillion yuan, of which the holdings by foreign entities were RMB 1.71 trillion yuan, increasing 46% year on year. This inclusion of Chinese bonds in important international bond indexes fully reflected the confidence of international investors in China's economy and the new progress made in the opening up of China's financial market, which would better meet their need for allocation of RMB assets. The PBC would continue to improve relevant institutional arrangements, further open China's bond market and provide a more friendly and convenient investment environment for international investors.

The Shanghai-Hong Kong Stock Connect and the Shenzhen-Hong Kong Stock Connect business. In 2018, the cross-border settlements under Shanghai-Hong Kong Stock Connect and Shenzhen-Hong Kong Stock Connect totaled RMB 841.5 billion yuan with an increase of 30% and the net inflow stood at RMB 209.3 billion yuan, while there had been a net outflow of RMB 105.5 billion yuan in 2017. Among them, the net inflow through Shanghai Stock Connect and Shenzhen Stock Connect reached RMB 283.3 billion yuan and the cumulative market value of Hong Kong stocks held by mainland investors through Hong Kong Stock Connect reached RMB 547.5 billion yuan, with a net outflow of RMB 74 billion yuan.

RQFII. By the end of 2018, nineteen countries or regions had been granted with RQFII quotas for RMB 1.94 trillion yuan and two hundred and five foreign institutions had registered or applied investment quotas for RMB 646.7 billion yuan. In 2018, the volume of receipts through RQFII stood at RMB 138.8 billion yuan and the volume of payments stood at RMB 120.3 billion yuan, resulting in a net inflow of RMB 18.5 billion yuan. In May 2018, Japan obtained a RQFII quota for RMB 200 billion yuan approved by the State Council.

Figure 2-11 Allocation of RQFII Quotas, End-2018

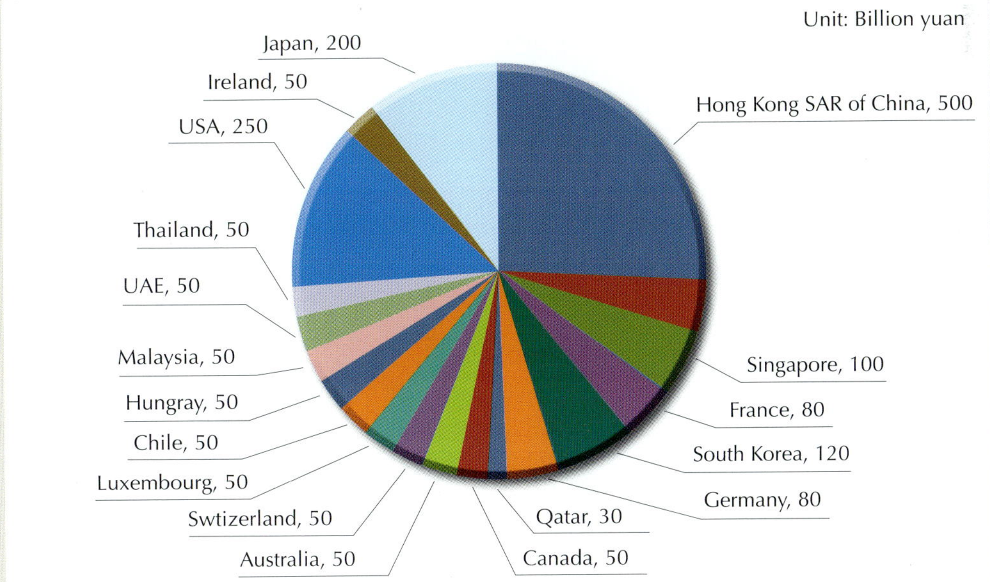

Source: PBC.

5. Other Investments

In 2018, the total cross-border settlements under other investments such as cross-border financing and project loans reached RMB 1.7 trillion yuan that increased 23.6%, with a net inflow of RMB 104 billion yuan that decreased 19%.

Box 5 Domestic RMB Financial Assets Held by Foreign Entities

By the end of 2018, the volume of financial assets including domestic RMB stocks, bonds, loans, deposits held by foreign traders reached RMB 4.85 trillion yuan, increasing 13.1% year on year. Among them, the market value of stock was RMB 1.15 trillion yuan, the balance of bond custody was RMB 1.71 trillion yuan, the balance of deposits was RMB 1.06 trillion yuan (including deposits from interbank accounts) and the balance of loans was RMB 924.7 billion yuan.

Stocks and bonds in the domestic financial market had become the major options for foreign traders to increase the allocation of RMB assets. By the end of 2018, the scale of domestic RMB stocks and bonds held by foreign traders had increased 27% year on year, among which the volume of bond custody accounted for 2.4% of the total amount of bond custody in the interbank bond market and the market value of stocks accounted for 2.5% in total outstanding market value of A-stock. In 2018, bonds accounted for 91% in domestic RMB assets increment held by foreign entities.

Table 2-2 Domestic RMB Financial Assets Held by Non-residents

Unit: billion yuan

Instruments	Dec. 2017	Mar.2018	June.2018	Sept.2018	Dec. 2018
Stocks	1,174.67	1,201.63	1,275.24	1,278.49	1,151.74
Bonds	1,198.83	1,361.01	1,602.94	1,745.04	1,711.59
Loans	739.00	841.77	824.35	924.25	924.65
Deposits	1,173.47	1,137.79	1,184.10	1,036.36	1,059.16
Total	4,285.97	4,542.20	4,886.63	4,984.14	4,847.14

Source: PBC.

iron ore futures market on Dalian Commodity Exchange had developed into the world's largest iron ore futures market, which was of great significance for domestic steel mills to lock in profits and stabilize operations. To further open up the futures market and better serve the real economy, iron ore futures, as a specific variety, officially introduced foreign traders in May 2018. The trading mechanism of foreign traders basically referred to that of crude oil futures.

3. Foreign Traders were Introduced into RMB-denominated PTA Futures

Pure terephthalic acid (PTA) was an important textile raw material. China was the world's largest PTA producer and consumer, as well as the major trading country of PTA upstream and downstream products. In December 2006, PTA futures were listed, of which the participants were domestic traders. In order to improve the international recognition of PTA futures prices, PTA futures officially introduced foreign traders in November 2018. The trading mechanism of foreign traders was consistent with that of crude oil futures.

The introduction of foreign traders into commodity futures such as crude oil, iron ore and PTA was an important move to expand China's financial opening, which was conducive to improving the function of futures market to serve the real economy and promoting RMB to become the pricing and settlement currency of commodities. Foreign traders who invest in crude oil, iron ore, PTA and other commodity futures can use RMB or USD as margin. By the end of February 2019, the inward and outward margin remittance of foreign traders was RMB 5.71 billion yuan and RMB 3.69 billion yuan, among which RMB accounted for 59.2% and 75.5% respectively. This reflected the preference of foreign traders for RMB.

Box 6 Developments of INE Crude Oil Futures Trading

Since the listing of INE crude oil futures, the market size had continuously expanded. By the end of February 2019, the accumulative trading volume (unilateral, the same below) had exceeded 34.18 million hands, with the accumulative trading amount reaching nearly RMB 16 trillion yuan and an average daily holding of 22,000 hands. The average daily trading volume of INE crude oil futures had surpassed that of Oman crude oil futures on Dubai Mercantile Exchange, becoming the largest trading volume of crude oil futures in Asia and the third in the world, next to the trading volume of WTI crude oil futures in the US and BRENT crude oil futures in the UK.

Currently, INE crude oil futures had been filed with 52 foreign intermediaries in Hong Kong SAR of China, Singapore, Britain, South Korea and Japan. The foreign traders come from the United Kingdom, Australia, Switzerland, Singapore, Cyprus and Seychelles, as well as Hong Kong and Taiwan regions of China. With the steady development of INE crude oil futures, the number and degree of participation of foreign traders were expected to increase gradually.

The function of INE crude oil futures that reflects the supply and demand relationship in China's oil market had initially emerged. In March 2018, Shell signed a crude oil trading contract with China International United Petroleum & Chemicals Co., Ltd. (UNIPEC), which was the first spot import-export trading priced at INE crude oil futures price as the benchmark. In October, UNIPEC signed a crude oil trading contract with Shandong Jingbo Petroleum & Chemicals Co., Ltd., which was the first domestic spot trading priced at INE crude oil futures price as the benchmark. International institutions such as International Energy Agency (IEA), Organization of the Petroleum Exporting Countries (OPEC) had paid close attention to INE crude oil futures and offered positive reviews. Quotation agencies such as Platts and Argus had obtained the authorization of SHFE to add INE crude oil futures price data to their information products and increase the assessment on Asian cost insurance and freight (CIF) of the SHFE's deliverable oil.

VI. RMB as an International Reserve Currency

Based on IMF COFER data, the scale of RMB reserves had reached USD 202.79 billion, accounting for 1.89% of the total foreign exchange reserves of designated currencies by the end of the fourth quarter of 2018, ranking 6th and surpassing 1.62% of AUD and 1.84% of CAD, which had been the highest level since the IMF publish RMB reserve assets in 2016. According to incomplete statistics, more than sixty central banks or monetary authorities had incorporated RMB into their foreign exchange reserves.

Figure 2-12 The Scale and Ratio of RMB in COFER during 2016-2018

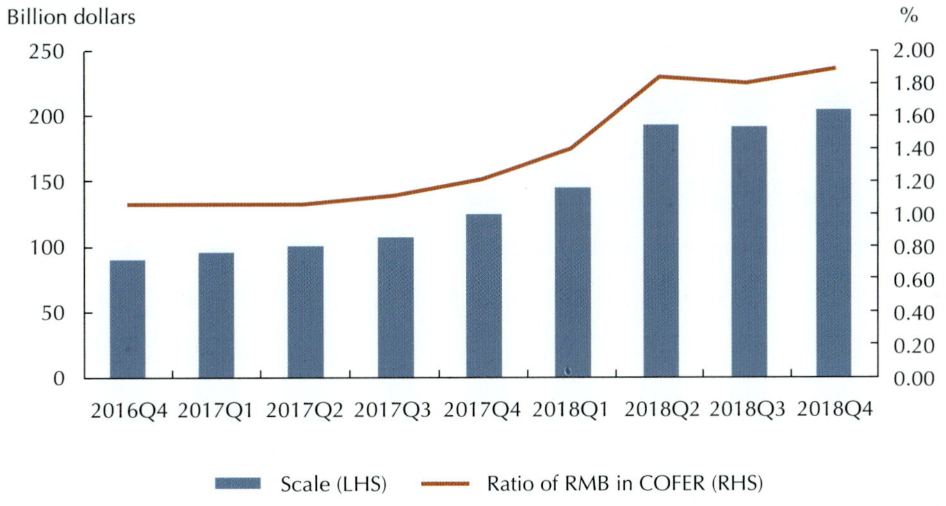

Source: IMF.

VII. The Operation of Cross-border Transportation of RMB Banknotes

In 2018, the cross-border transportation of RMB banknotes developed steadily. Both the scale of cross-border transportation of RMB banknotes and the net volume of inbound transportation steadily increased. In 2018, the total amount of cross-border RMB banknotes transportation by banks reached RMB 117.1 billion yuan, an increase of 2.2% year on year, among which the outbound volume stood at RMB 9.5 billion yuan, and the inbound volume stood at RMB 107.5 billion yuan, resulting in a net inbound transportation of RMB 98 billion yuan.

The scale of offshore RMB banknotes supply and backflow continued to decline, changing from three consecutive years' of net deposit to net withdrawal. In 2018, the volume of offshore RMB banknotes supply and backflow reached RMB 240 million yuan, decreasing 31.5% year on year, of which the volume of banknotes withdrawal stood at RMB 190 million yuan, and that of banknotes deposit stood at RMB 50 million yuan, resulting in a net withdrawal of RMB 140 million yuan.

Box 7 Survey on Offshore RMB Banknotes Exchange

In 2018, the business volume of offshore RMB banknotes exchange increased rapidly with a limited scale in total yet. In recent years, the outbound tourism of domestic individuals had continuously increased and the international acceptance of RMB had obviously improved, resulting in a rapid growth of the offshore RMB banknotes exchange business. Between 2011 and 2018, the border entry and exit number of Chinese mainland residents increased from 140 million to 560 million, RMB banknotes could be taken to abroad by those residents for exchange and consumption, but as RMB banknotes had a limited function of circulation and storage abroad, most of them flowed back to China through the banking system after conversion. Offshore RMB banknotes exchange business mainly conducted in the countries and regions where attracted more Chinese visitors and had greater demand for banknotes exchange.

In terms of convenience, it was relatively convenient to exchange banknotes in neighboring countries and regions. A lot of institutions offer RMB banknote exchange service in Hong Kong, Macau, Taiwan regions of China, as well as Singapore and Thailand, providing relatively full coverage over these regions and countries. While in Europe and the United States, there were a limited number of financial branches to conduct banknotes exchange services. In the United States, one could only exchange a small scale of banknotes from foreign currency banknotes exchange institutions at entry-exit ports or in some major cities and large-scale international banks. In African countries, there were a small amount of banknotes exchange business, Standard Banks in a few African countries such as South Africa and Namibia could provide RMB banknotes exchange services for individuals.

The volume of offshore RMB banknotes exchange business would continue to grow, but the overall scale would be limited. Currently, UnionPay cards could be used in 171 foreign countries and regions, and holders could withdraw local currency banknotes from ATMs with the logo of UnionPay. As the number of Chinese outbound visitors increased rapidly, domestic third-party payment offshore business was also increasing. Compared with banknotes, non-cash payment would be safer and more convenient, which had become the preferred payment method for individuals' overseas consumption.

VIII. RMB Cross-border Interbank Payment System

In 2018, the CIPS settled 1.44 million payments in total, amounted to RMB 26.45 trillion yuan, with a year on year increase of 14.6% and 81.7% respectively. The average daily volume reached 5,724 payments, amounted to RMB 105 billion yuan, among which the customer remittance business reached 1.07 million payments, amounted to RMB 4.63 trillion yuan; the financial institution remittance business reached 0.36 million payments, amounted to RMB 21.24 trillion yuan; the bilateral business reached 4,300 payments, amounted to RMB 575.8 billion yuan, and the batch business reached 15,000 payments, amounted to RMB 57 million yuan.

In 2018, the CIPS completed 7,478 payments of Bond Connect funds settlement in total, amounted to RMB 893.1 billion yuan. From the perspective of bond trading direction, overseas institutions made 4,619 payments of bond purchase, amounted to RMB 559.8 billion yuan and made 2,859 payments of bond sale amounting to RMB 333.3 billion yuan. From the perspective of domestic custodian institutions, China Central Depository & Clearing Co., Ltd. settled 4,721 payments of custody funds amounting to RMB 441.4 billion yuan, and Shanghai Clearing House settled 2,757 payments of custody funds amounting to RMB 451.6 billion yuan.

IX. RMB Interest Rate and Exchange Rate

1. RMB Interest Rate

In 2018, the RMB interest rate hub in the domestic currency market displayed a decreasing tendency overall, and increased slightly at the end of the year. At the end of 2018, overnight, 1-month, 3-month, 6-month and 1-year Shanghai Interbank Offered Rate (SHIBOR) decreased by 10, 127, 146, 153 and 123 basis points respectively from the beginning of the year, closing at 2.55%, 3.47%, 3.35%, 3.3% and 3.52% respectively. The 7-day SHIBOR increased slightly by 6 basis points from the beginning of the year and closed at 2.9%.

Figure 2-13 Tendency of Shanghai Interbank Offered Rate in 2018 (1)

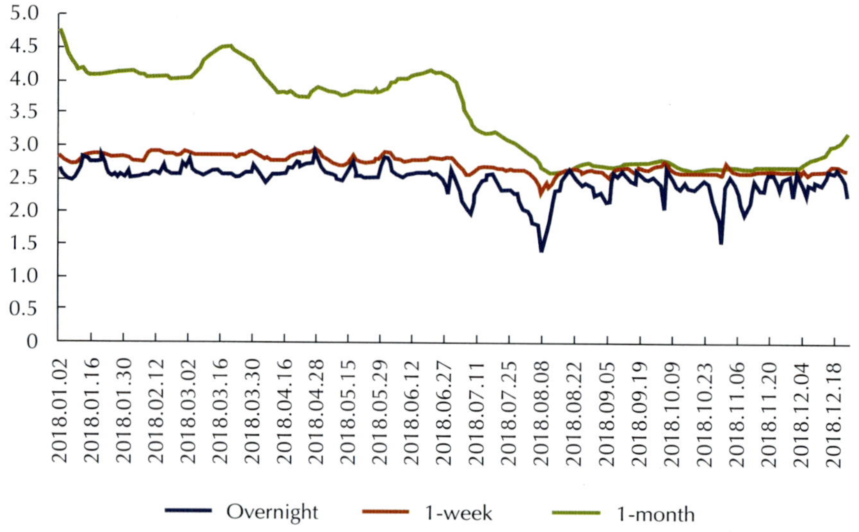

Source: www.chinamoney.com.cn.

Figure 2-14 Tendency of Shanghai Interbank Offered Rate in 2018 (2)

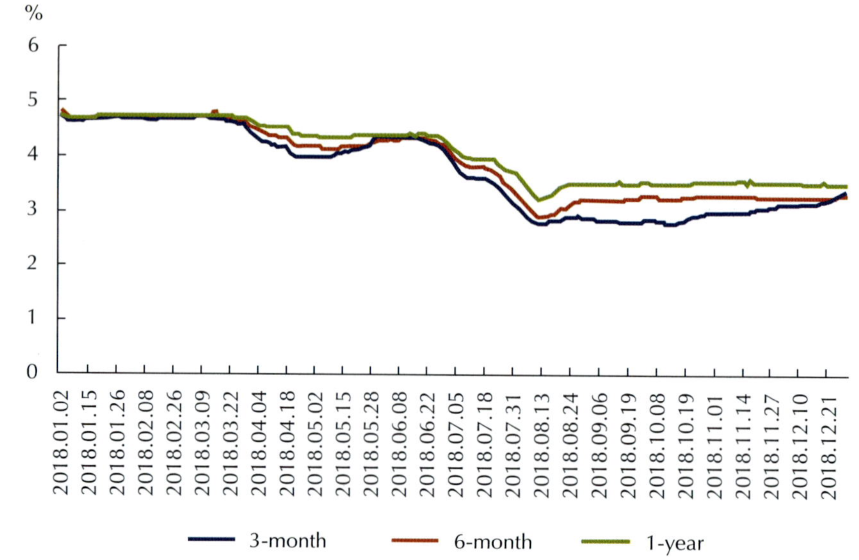

Source: www.chinamoney.com.cn.

2. RMB Exchange Rate

In 2018, the exchange rate of RMB against a basket of currencies appreciated first and then depreciated overall. At the end of 2018, CFETS RMB exchange rate index closed at 93.28, decreasing 1.7% from the end of 2017. According to BIS statistics, since the RMB exchange-rate regime reform started in 2005 to the end of 2018, the RMB nominal effective exchange rate (NEER) and real effective exchange rate (REER) appreciated by 34.3% and 45.1% respectively.

In 2018, the domestic RMB exchange rate fluctuated in both directions with flexibility significantly enhanced. The exchange rate of RMB against USD and other international currencies experienced both appreciation and depreciation. The central parity rate of RMB against USD, JPY and EUR depreciated by 4.8%, 6.5% and 0.6% respectively and appreciated by 1.2% against GBP from the end of 2017.

Throughout the year, the highest and lowest central parity rate of RMB against USD were RMB 6.2764 yuan and RMB 6.9670 yuan per USD respectively with a fluctuation range of 6,906 basis points, and the annualized volatility was 4.2%, significantly

Figure 2-15 Tendency of Domestic RMB Exchange Rate against USD in 2018

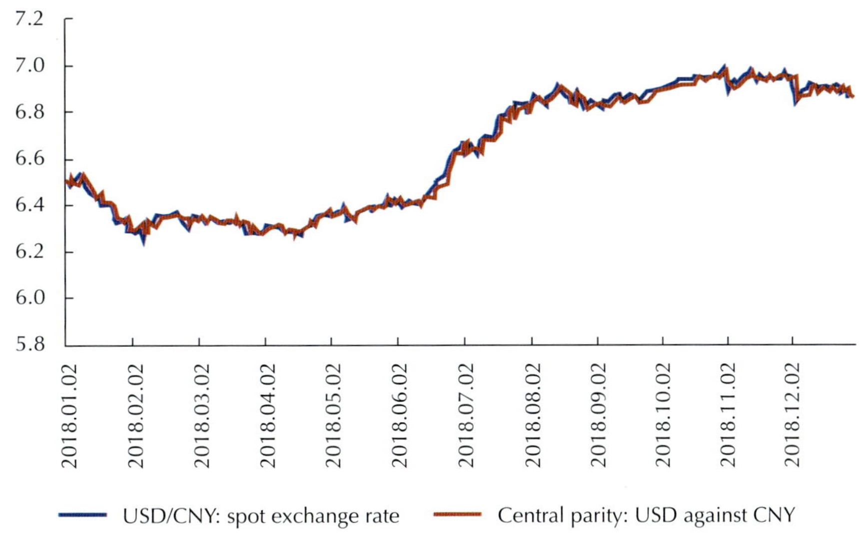

Source: Wind.

higher than that in 2017. Among the 243 trading days, the central parity rate of RMB against USD appreciated on 104 trading days and depreciated on 139 trading days. The biggest intra-day appreciation and depreciation were 0.7 percent (492 bps) and 0.9 percent (605 bps). At the end of the year, the central parity rate and closing price of RMB against USD were RMB 6.8632 yuan and RMB 6.8658 yuan per USD, depreciating 4.8% and 5.2% respectively from the end of the previous year.

X. Central Banks Cooperation

1. Bilateral Local Currency Swap

In 2018, the PBC signed new bilateral local currency swap agreements with the Bank of Japan and the Central Bank of Nigeria, totaling RMB 215 billion yuan, and renewed the bilateral local currency swap agreements with central banks of eleven countries including the United Kingdom, Chile, South Africa, Malaysia, Belarus, Indonesia, Kazakhstan, Pakistan, Australia, Ukraine and Albania, totaling RMB 1.03 trillion yuan.

2. Overseas Clearing Mechanism Arrangement

After signing the MOU with Board of Governors of the Federal Reserve System and authorizing New York Branch of the Bank of China as the RMB clearing bank in 2016, the PBC authorized JP Morgan Chase & Co. as the RMB clearing bank in the United States in February 2018. In October, the PBC signed the MOU with the Bank of Japan to establish RMB clearing mechanism arrangement in Japan and authorized Tokyo Branch of the Bank of China as the RMB clearing bank. In November, the PBC signed the MOU with the Central Bank of Philippines to establish RMB clearing mechanism arrangement in Philippines. In addition, the PBC renewed the *RMB Clearing Agreement* with Taipei Branch of the Bank of China and Singapore Branch of the Industrial and Commercial Bank of China respectively in January and April 2018.

PART THREE
Policies and Relevant Reforms

In 2018, the cross-border RMB policies had covered all aspects. All cross-border business allowed by law to be settled in foreign exchange could also be settled in RMB by enterprises, furthermore, settled in RMB would be more convenient. The management of cross-border RMB business was gradually optimized, the macro-prudential management was improved unceasingly, and the market self-disciplinary mechanism was basically formed. Based on risk control, the financial market was further opened, the procedure of investment and financing was optimized, the risk hedging function of the domestic financial market was strengthened, the RMB exchange rate formation regime was perfected, and the convertibility of RMB capital account was promoted.

I. Optimization of Policies on Cross-border RMB Business

In January 2018, in order to further improve the cross-border RMB policies, the PBC issued the *Notice on Further Improving the Policies on Cross-border RMB Business to Facilitate Trade and Investment* (PBC Document [2018] No.3). First, it clarified that all the cross-border business allowed by law to be settled in foreign exchange could also be settled in RMB by enterprises. Second, it met the demand for RMB cross-border payment and receipt of individuals, such as employee compensation, social welfare, family allowance etc., and facilitated domestic individuals to repatriate their legitimate overseas income and overseas individuals to remit their legitimate domestic RMB income abroad. Third, it implemented the concept of green development and supported cross-border RMB settlement on carbon emission trading by overseas investors. Fourth, it facilitated foreign investors' direct investment with RMB by further optimizing procedures, eliminating limitations on relevant account opening and fund use, and ensuring the free remittance of RMB profits, dividends and other investment income of overseas investors according to law. Fifth, it clarified that RMB funds raised by domestic enterprises through overseas issuance of bonds or shares may be transferred back to China while there was real demand. With this, the policies of RMB cross-border payment had covered all aspects of the cross-border business.

II. Promotion of the Two-way Opening up of Capital Market

1. Promotion of the Standardized and Healthy Development of RQDII Business

In April 2018, in order to further standardized the requirements for RQDII overseas investment products, information submission and macro-prudential management, the PBC issued the *Notice on Further Clarifying the Rules on Overseas Security Investment by RMB Qualified Domestic Institutional Investors* (PBC General Administration Department Document [2018] No.81).

2. Optimization of the Operation Mechanism of Shanghai & Shenzhen-Hong Kong Stock Connection and the Liquidity Supplement Mechanism of Hong Kong Offshore RMB Market

In May 2018, the PBC issued the *Notice on Further Perfecting the Management of Cross-border Capital Flow to Support the Opening-up of Financial Market* (PBC General Administration Department Document [2018] No.96), adjusted the reserve ratio of RMB deposits in the PBC clearing accounts of RMB clearing banks in Hong Kong and Macau regions to zero, and clarified that the overseas investors who invested in Shanghai & Shenzhen-Hong Kong Stock Connect could conduct foreign currency exchange and foreign exchange risk hedging business through the Hong Kong settlement banks, and subject these business to the RMB purchase and sale business.

3. Improvement of the Management for Domestic Securities Investment of RQFII

In June 2018, in order to further optimized the management requirements for RQFII to open and use domestic investment accounts, canceled the lock-up period of other products, and met the demand for foreign exchange risk hedging, the PBC and SAFE jointly issued the *Notice on the Rules of Domestic Security Investment by RMB Qualified Foreign Institutional Investors* (PBC Document [2018] No.157).

4. Improvement of the Cross-border RMB Purchases and Sales Businesses

In June 2018, the PBC issued the *Notice on Improving the Management of RMB Purchases and Sales Businesses* (PBC Document [2018] No.159), expanded the scope of purchases and sales businesses to current account, capital and financial account such as direct investment and the approved securities investment, and expanded the trading varieties to spot, forward, foreign exchange swaps, currency swaps and options so as to strengthen the coordination with financial market interconnection mechanism and improve the capacity of financial services to support the real economy. At the same time, the notice allowed overseas participating banks and overseas groups to centralize purchase and sales businesses, further facilitating overseas institutions to handle purchases and sales businesses.

5. Standardization of the Issuance of Panda Bonds

In September 2018, the PBC and MOF jointly issued the *Interim Rules for the Administration of Bond Issuances by Overseas Institutions on China's Interbank Bond Market* (PBC, MOF Public Announcement [2018] No.16), comprehensively standardized the issuance approval, the registration procedure, custody and settlement, and information disclosure management of Panda Bond, and clarified the issues of accounting standards and audit supervision that were widely concerned by the market.

III. Improvement of Macro-prudential Management

In January 2018, in order to guide commercial banks to prudently manage the risk of cross-border capital flow, the PBC introduced the counter-cyclical adjustment coefficient in the RMB cross-border account financing business of commercial banks, and set the upper limit of account financing according to the RMB deposit balance of domestic agents at the end of last year. In April, the PBC improved the management of cross-border RMB cash pooling business by setting macro-prudential adjustment coefficients of the net inflow and outflow of the cash pools, strengthening the management of host enterprises, member enterprises and settlement banks of the cash pools, and reinforcing operational and post-operational management. At the same time, the PBC strengthened the daily monitoring, analyzing and early warning for cross-border capital flow, urged financial institutions to implement self-discipline management of cross-border RMB business, and promoted the sustained and healthy development of cross-border RMB business. In August, to prevent macro financial risks and promote sound operation of financial institutions, the PBC adjusted the foreign exchange risk reserve ratio of forward foreign exchange sales from 0 to 20%, and re-introduce the "counter-cyclical factor" in central parity quotation of RMB against USD.

Box 8 The Interim Achievement in the Foreign Exchange Self-disciplinary Mechanism

In August 2018, the Foreign Exchange Self-disciplinary Mechanism released the Operational Guidelines for Commercial Banks on Cross-border RMB Business (hereinafter referred to as the Operational Guidelines) and the Business Principles for Commercial Banks to Conduct Cross-border RMB Business (hereinafter referred to as the Business Principles), which marked the formation of a relatively complete market self-disciplined mechanism, effectively promoted banks to implement the principles of knowing your customer, knowing your business and due diligence, and enhanced banks' capacity to verify authenticity and compliance.

The Operational Guidelines and the Business Principles basically covered all the cross-border RMB business carried out at present, including business definition, policy basis, customer identification, customer classification, verification, key points of verification and operation and risk hints etc. In order to facilitate detailed operation, the Operational Guidelines and the Business Principles went into details according to different business scope.

The formulation of cross-border RMB business self-disciplinary mechanism was conducive for banks to implementing the principles of knowing your customer, knowing your business and due diligence, enhancing their capacity to verify authenticity and compliance, and preventing related risks. It well solved the problem that specific business operations, auditing standards and auditing dimensions might vary from bank to bank, and was conducive to standardizing cross-border RMB business, cultivating banks' awareness of prudence in the conduct of business, and promoting the long-term and healthy development of RMB internationalization.

IV. Improvement of the RMB Exchange Rate Formation Regime

Since 2018, in the face of the complicated external environment, the PBC insisted to focus on the domestic situations while giving due consideration to international factors, thereby achieving a comprehensive balance among multiple objectives. In the first quarter, under the background of a weaker USD and a basic balance of cross-border capital flow and supply and demand of foreign exchange, the PBC allowed market supply and demand play the decisive role in the formation of exchange rate, and gradually made the earlier counter-cyclical regulatory policy return to neutrality. Since the second quarter, despite the RMB exchange rate depreciation, the PBC continued to steadily deepen the market-oriented reform of the RMB exchange rate, maintain the flexibility of the RMB exchange rate, and make the exchange rate work as an "automatic stabilizer" in adjusting the macroeconomy and the balance of international payments. At the same time, macro-prudential policy and a series of other targeted measures had been taken according to the changing situation, including strengthening communication with the market, raising the risk reserve ratio for forward sale of foreign exchange, as well as reapplying the "counter-cyclical factor" in central parity quotation. The PBC had also innovated and enriched the toolbox of regulation to guide and stabilize market expectations. The above measures had released positive signals and achieved positive results. In 2018, the cross-border capital flows, exchange rate expectations and the operation of foreign exchange market were basically stable, and the RMB exchange rate remained basically stable at a reasonable and balanced level.

PART FOUR
Development of the Offshore RMB Market

In 2018, the offshore RMB market maintained healthy and steady development with its width and depth constantly increasing and the interaction between onshore and offshore market further improving. Confidence of the offshore market in RMB was enhanced, investment behavior turned out to be more rational, offshore RMB exchange rate moved around the onshore price, and various indicators of RMB business stabilized and improved. With further improvement of Shanghai-Hong Kong Stock Connect, Shenzhen-Hong Kong Stock Connect and Bond Connect mechanisms, channels for cross-border investment were further dredged with the investment in domestic RMB assets growing rapidly. Offshore market's demand for high-quality RMB-denominated assets increased, and RMB-denominated central bank bills were welcome in Hong Kong.

I. Offshore RMB Interest Rate and Exchange Rate

1. Interest Rate

In 2018, offshore RMB interest rate fell overall with less volatility compared with the previous years, and different maturities showed divergence: the fluctuation of short-term interest rates remained stable while that of longer-term interest rates fell overall. At the end of 2018, Hong Kong Interbank Offered Rate (HIBOR) for overnight lending fixing rate of RMB was 1.73%, the same as the end of 2017, and the 7-day, 3-month and 1-year HIBOR were 2.80%, 3.58% and 3.83% respectively, dropping 21, 122 and 124 basis points from the end of 2017 respectively.

In 2018, the interest rate of offshore market was holistically higher than that of the onshore market, with HIBOR averagely 0.04 percentage point higher than SHIBOR. The interest rate spread between China and the United States narrowed and the offshore RMB-swap prices fell with fluctuation following the onshore RMB-swap

Figure 4-1 Movement of Hong Kong's Offshore RMB Lending Rate in 2018 (1)

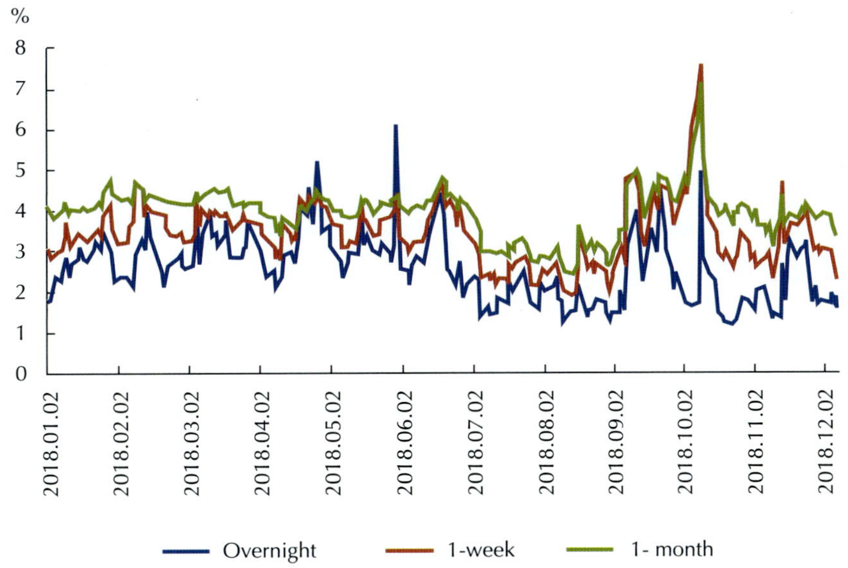

Source: Reuters.

Figure 4-2 Movement of Hong Kong's Offshore RMB Lending Rate in 2018 (2)

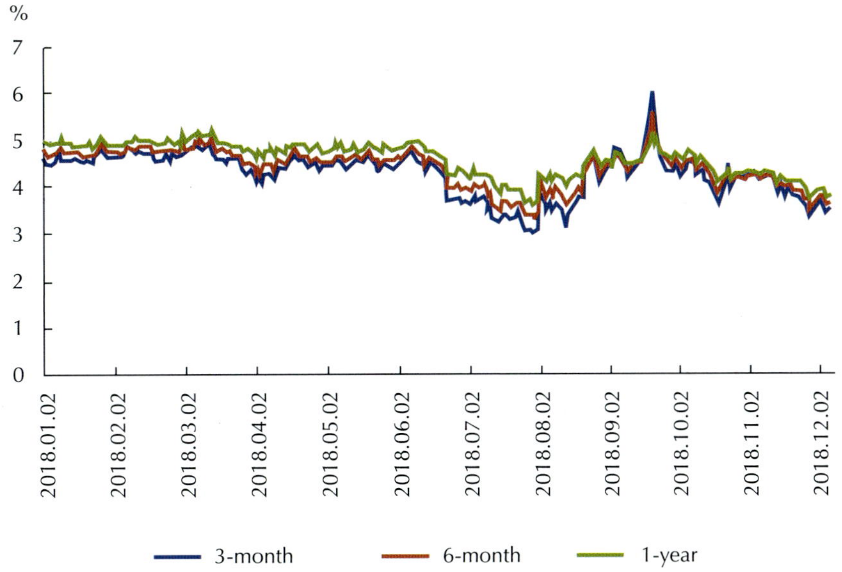

Source: Reuters.

prices. In the first half year, the price spread of one-year RMB-swap between offshore and onshore markets mainly remained between 100 and 300 PIPS. As the northbound capital under Bond Connect, Shanghai-Hong Kong Stock Connect and Shenzhen-Hong Kong Stock Connect in August, and onshore foreign exchange risk reserves ratio of forward foreign exchange sales was adjusted, the price spread between offshore and onshore RMB-swap widened, the spread between HIBOR and SHIBOR turned from 0.39% in the first half year to -0.29% in the latter half year, and the spread of 1-month and 3-month rates expanded from 0.10% and 0.14% in the first half year to 0.76% and 0.90% in the latter half year respectively.

2. Exchange Rate

In 2018, the exchange rate of offshore RMB saw larger two-way fluctuations and remained generally consistent with the exchange rate of onshore RMB, and the exchange rate of onshore and offshore RMB slightly narrowed with the depreciation expectation declining in general. In 2018, the exchange rate of offshore RMB performed strongly in the first half year and once appreciated to 6.25, then weakened

Figure 4-3 Movement of Hong Kong's Offshore RMB Exchange Rate against USD in 2018

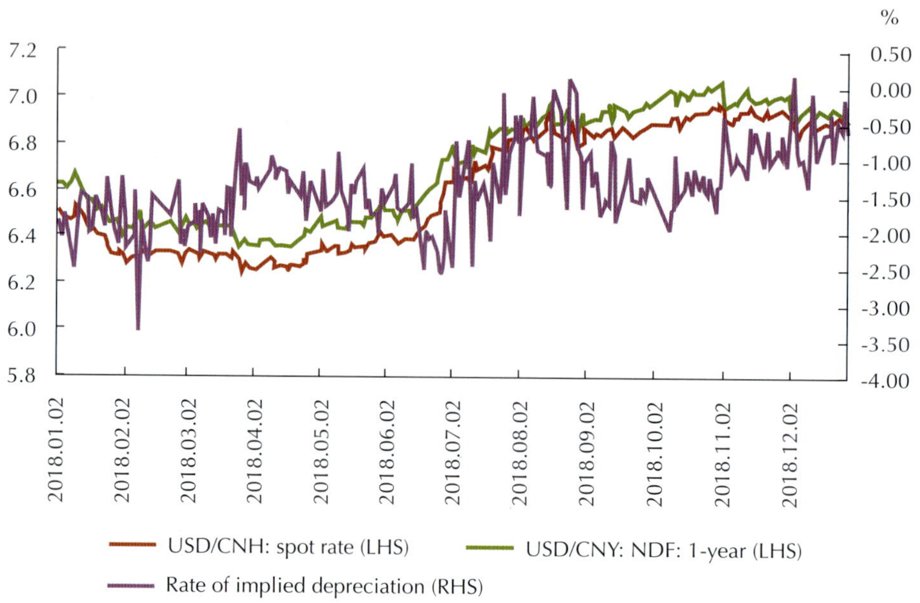

Source: Reuters.

in the latter half year and closed at 6.88 at the end of the year. Spot rate depreciated by 5.33% compared with the end of 2017, one-year Non-deliverable Forwards (NDF) depreciated by 3.96% from the beginning of 2018, and the rate of implied depreciation narrowed from 1.86% in early 2018 to 0.60% at the end of 2018, with a declining deprecation expectation of RMB exchange rate. The exchange rate of offshore RMB fluctuated around that of onshore market, with the number of trading days when the exchange rate of offshore RMB was stronger than the central parity rate of the RMB against the USD roughly the same as that when the offshore RMB was weaker. The average exchange rate spread between offshore and onshore RMB of the year was 102 basis points, narrowed by 27 basis points from 2017, and the average daily exchange rate spread was 128 basis points, narrowed by 13 basis points from 2017.

II. Offshore RMB Deposits and Loans

According to incomplete statistics, by the end of 2018, the amount of outstanding RMB deposits in major offshore markets exceeded RMB 1.2 trillion yuan (interbank deposits excluded). Among which the amount of outstanding RMB deposits in Hong Kong was RMB 615 billion yuan, ranking the first of the world, with a year on year increase of 10%, accounting for 5.4% of the total amount of outstanding deposits in Hong Kong SAR of China and 10.8% of foreign currencies deposits in Hong Kong. The amount of outstanding RMB deposits in Taiwan, China was nearly RMB 300 billion yuan, ranking the second of the world, with a year on year decrease of 7.4%, accounting for 3.9% of the total deposits of Taiwan and 23.2% of foreign currencies deposits in Taiwan. The amount of outstanding RMB deposits was over RMB 56.2 billion yuan in the United Kingdom and was nearly RMB 50 billion yuan in Singapore, ranking the third and fourth of the world respectively.

According to incomplete statistics, by the end of 2018, the amount of outstanding RMB loans in major offshore markets exceeded RMB 381 billion yuan. Compared with 2017, the decline significantly slowed. Among which the amount of outstanding RMB loans in Singapore was RMB 110.9 billion yuan, exceeding Hong Kong SAR of China and ranking the first of the world; Hong Kong SAR of China ranked the second with the amount of RMB 105.6 billion yuan, and UK ranked the third with the amount of over RMB 49.2 billion yuan.

Figure 4-4 Hong Kong's RMB Deposits and Loans during 2017-2018

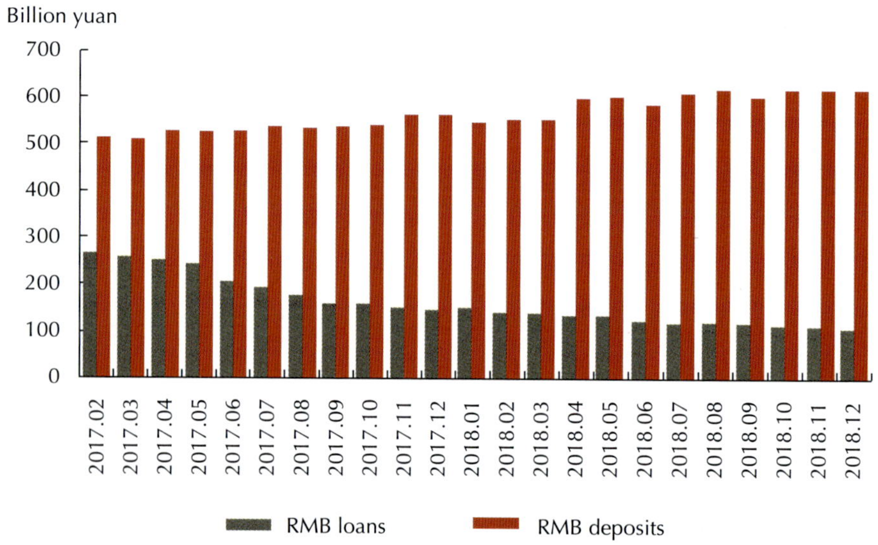

Source: Hong Kong Monetary Authority.

III. Offshore RMB Security Financing

In 2018, the offshore RMB-denominated bonds market rebounded. According to incomplete statistics, the total issuing scale of RMB-denominated bonds by countries and regions with established RMB clearing banks amounted to RMB 171.9 billion yuan in 2018, with a year on year increase of 115.6%, among which RMB-denominated bonds issued in Hong Kong amounted to RMB 41.9 billion yuan over the year, increasing by nearly 70% from 2017. As of December 2018, the total balance of outstanding RMB-denominated bonds in countries and regions with RMB clearing banks amounted to RMB 415.1 billion yuan, with a year on year decrease of 18.5%; the balance of issued RMB-denominated Certificate of Deposits (CDs) amounted to RMB 106.6 billion yuan, with a year on year increase of 1,211%; and the balance of issued RMB-denominated funds amounted to RMB 26.2 billion yuan, with a year on year increase of 59.1%.

Box 9 Issuance of RMB-denominated Central-bank Bills in Hong Kong

After the first overseas issuance of RMB-denominated central-bank bills in London in 2015, the PBC issued RMB-denominated central-bank bills in Hong Kong successively in November 2018 and February 2019.

In September 2018, the PBC signed a MOU with Hong Kong Monetary Authority (HKMA) to facilitate issuance of central-bank bills in Hong Kong. In November, the PBC issued RMB 20 billion yuan of RMB-denominated central-bank bills by HKMA's Central Money Market Unit (CMU) bond tendering platform, among which the three-month and one-year bills accounted for RMB 10 billion yuan respectively and the bid rates were 3.79% and 4.20% respectively. In February 2019, the PBC issued another RMB 20 billion yuan of central-bank bills denominated in RMB with the same maturity structure, and the bid rates for three-month and one-year bills stood at 2.45% and 2.80% respectively. The issuance attracted active subscriptions by a large number of investors in the offshore market, ranging from commercial banks, funds, investment banks, securities traders, central banks, and international financial organizations. The bid-to-cover ratio exceeded 6 times for both issuances.

Welcome and actively subscribed by offshore market investors, the issuance of RMB-denominated central-bank bills in Hong Kong was in line with the market demand, expands the spectrum of RMB investment products with high credit ratings in Hong Kong and diversifies the tools for RMB liquidity management. It was also conducive to improving the yield curve of RMB bonds in Hong Kong and promoting the internationalization of the RMB.

IV. Global RMB Foreign Exchange Trading

In 2018, RMB foreign exchange trading around the world increased steadily. According to statistics released by Bank for International Settlements (BIS) in April 2016 (released on a triennial basis), RMB ranked eighth among the most active currencies for global trading, and ranked the first among emerging-market currencies. The average daily trading volume of RMB around the world increased from USD

120 billion in 2013 to USD 202 billion, while the share of RMB trading volume in the global foreign exchange market rose from 2% in 2013 to 4%. Growth of RMB trading was mainly from growth of trading of RMB against USD, which accounts for 95% of the total trading amount of RMB against all foreign currencies. The total trading volume of RMB against USD increased from the ninth in 2013 to the sixth in the global ranking, and the average daily trading amount increased from USD 113 billion in 2013 to USD 192 billion. According to SWIFT statistics, RMB was one of the most active currencies in global foreign exchange market. At present, RMB foreign exchange trading volumes in the United Kingdom, Hong Kong SAR of China, the United States and Singapore rank the top four in the offshore market, accounting for over 80% of the RMB offshore foreign exchange trading in total.

In 2018, varieties of offshore RMB-denominated equity investment products were more diversified. Over-the-counter (OTC) products included spot, forward, swap, currency swap, NDFs, options, futures, ETF and REIT, with active trading and investment. Offshore RMB OTC markets mainly concentrated in Hong Kong SAR of China, Singapore and Taiwan, China, providing futures of RMB against USD and standardized options of RMB against USD. In 2018, the average daily trading volume of futures of RMB against USD in Hong Kong Exchanges and Clearing Limited was 7,135 contracts, a year on year increase of 138%. The average daily trading volume of options of RMB against USD in Hong Kong Exchanges and Clearing Limited was 122 contracts, increasing by 125% over 2017. As of December 2018, the turnover of open interest for futures of RMB against USD exceeded 30,000 contracts and for options of RMB against USD reached 5,625 contracts. Average daily trading volumes of futures of all currencies against RMB reached new highs.

V. Offshore RMB Clearing

As of the end of 2018, the clearing amount of offshore RMB clearing banks reached RMB 316.61 trillion yuan, with a year-on-year increase of 11%. Among which, the amount of valet clearing was RMB 29.41 trillion yuan with a year on year increase of 8.3%, and the amount of interbank clearing was RMB 287.2 trillion yuan with a year on year increase of 11.2%. As of the end of 2018, altogether 886 participating banks and other institutions opened clearing accounts in overseas clearing banks, increasing

3.1% year on year. In 2018, RMB clearing amount conducted by RTGS reached RMB 241 trillion yuan with a year on year increase of 11.8% in Hong Kong, reaching the highest level in history.

Box 10 Development of Major Offshore RMB Markets Other than Hong Kong

United Kingdom. *According to SWIFT, London was the largest RMB foreign exchange trading center of the world, the region with the most use of RMB other than Hong Kong, as well as one of the most active markets for the issuance and trading of offshore RMB-denominated bonds. RMB foreign exchange trading in London includes spot, forward, swap and options. According to the Bank of England, by the end of December 2018, the volume of RMB foreign exchange trading in London accounted for 36.1% of the global total, 6.5 percentage points higher than Hong Kong (ranking second), with the average daily trading volume reaching GBP 76.6 billion. As of the end of 2018, there were 114 undue RMB-denominated*

Figure 4-5 Average Daliy RMB Foreign Exchange Trading Volume in London during 2015-2018

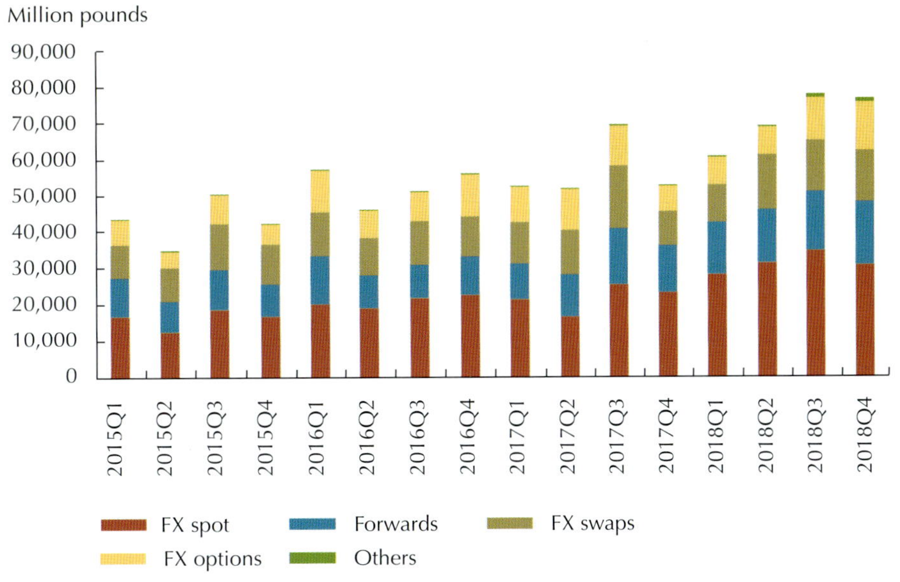

Source: Bank of England.

bonds and the volume reached RMB 33.6 billion yuan in London market. In 2018, the London Stock Exchange newly issued 42 RMB-denominated bonds with a total amount of RMB 12.5 billion yuan, both issuers and issuing amount grew significantly from 2017.

Singapore. *In 2018, the volume of cross-border RMB settlements between China and Singapore exceeded RMB 1.4 trillion yuan, ranking second, Hong Kong ranked first. According to SWIFT statistics, Singapore was the market with the second most use of RMB other than Hong Kong; it had an active foreign exchange and derivative market, and served as one of the most active markets for the issuance and trading of offshore RMB-denominated bonds. Singapore Exchange (SGX) provided trading of RMB-denominated futures and securities. As of the end of 2018, the volume of RMB-denominated foreign exchange futures trading in SGX totaled USD 530 billion. For RMB-denominated securities, SGX provided services of listing, quotation, transaction, clearing and settlement, as well as convenience for investors' transaction on RMB, Singapore Dollar and other foreign currencies through the dual currency quotation mechanism. As of the end of 2018, Singapore market had in total 87 undue RMB-denominated bonds amounting to RMB 47.6 billion yuan. In 2018, Singapore market newly issued 35 RMB-denominated bonds with a total volume of RMB 20.6 billion yuan.*

United States. *According to SWIFT statistics, in 2018, the volume of RMB foreign exchange trading in the USA accounted for 8.5% of the global volume and ranked third of the world after the United Kingdom and Hong Kong SAR of China. In February 2018, the PBC authorized the JP Morgan Chase & Co. as the RMB clearing bank in the USA, the first authorized foreign-funded RMB clearing bank.*

Luxembourg. *Luxembourg was playing an increasingly important role in the global RMB investment and financing. According to the Central Bank of Luxembourg, in 2018, RMB-denominated bonds listed in the Luxembourg Stock Exchange (LuxSE) accounted for 26% of the global and had exceeded Hong Kong to be the largest offshore RMB-denominated bond issuance center of the world. Luxembourg was also* *the largest country for the registration of investment funds to China, over 29% of the investment funds to China chose to register in Luxembourg, the management scale of RMB-denominated investment funds exceeded RMB 330 billion yuan, and about 78% of European funds that invested to China were registered in Luxembourg.*

Germany. *In 2018, the volume of cross-border RMB settlements between China and Germany approached RMB 663 billion yuan, ranking only next to Hong Kong SAR of China and Singapore. German real enterprises, especially large and medium-sized multinational enterprises which had traded with China, had high acceptance of RMB. They began to hold and invest in RMB products, including intragroup pricing and settlement in RMB, issuance of Panda Bonds and offshore RMB-denominated bonds, and building of cross-border RMB cash pools, in the earlier times.*

South Korea. *In 2018, the volume of cross-border RMB settlements between China and South Korea exceeded RMB 611.5 billion yuan, ranking next to Hong Kong SAR of China, Singapore and Germany. South Korea introduced the interbank RMB/KRW direct trading market at the end of 2014; in 2018, the average daily volume (unilateral) of the Seoul direct trading market was 2,300 transactions with the turnover of about RMB 12 billion yuan. Foreign exchange trading products in South Korea include spot, forward, swap and futures. The Korea Exchange (KRX) provides services of listing, quotation, transaction, clearing and settlement for RMB-denominated securities, as well as convenience for investors' transaction of RMB, KRW and other foreign currencies through the dual currency quotation mechanism.*

United Arab Emirates. *Since the establishment of RMB clearing mechanism arrangements in the United Arab Emirates (UAE) in 2016, the amount of RMB business in the UAE increased rapidly with a year on year growth rate of 144%. According to SWIFT statistics, the amount of RMB business in the UAE in 2018 totaled RMB 747.7 billion yuan, ranking the first among all Arab countries and accounting for 58% of the total. At present, central banks of China and the UAE had established a full range of cooperation including RQFII pilots, bilateral local currency swap agreements, establishment of local RMB clearing mechanism* *arrangements, and direct trading of currencies of the two countries. To further expand RMB business in local and the Middle East, the Central Bank of the UAE held a specialized forum on RMB in Abu Dhabi, capital of the country, in December 2018, together with the local RMB clearing bank, and the forum received good responses.*

PART FIVE

Economic and Financial Status of Major Economies in the World

In 2018 the global economy continued to grow but at a slower pace as growth turned to be less synchronized. The growth of global trade slowed down, the international direct investment decreased, and the global financial market volatility heightened. Growth rate of most economies in the world fell down, except a few of economies such as the US. According to the *World Economic Outlook* issued by IMF in April 2019, the world economy grew by 3.6% in 2018, 0.2 percentage point lower than 2017, with the developed countries growing by 2.2% and the emerging market and developing countries growing by 4.5%. Major developed economies continued to push forward monetary policy normalization process, while most emerging market economies tightened their monetary policies following the US or kept a stance of neutral monetary policy.

I. United States

In 2018, the US experienced relatively strong economic growth, with a higher inflation rate than 2017 and a falling unemployment rate from a low level. The consumer spending grew more quickly. The US economy grew by 2.9% in 2018, with an increase of 0.7 percentage point from 2017. Monetary policy normalization continued, with the raising of target range of the federal funds rate and the on-going reduction of federal reserve balance sheet. Under the influence of the federal reserve rate hike and other factors, LIBOR for USD rose modestly, with 1-year LIBOR at 3.0054% as of the end of December 2018. The global financing cost and liquidity of the USD were tightened. The USD index closed at 96.17 at the end of 2018, with a year-on-year increase of 4.4%. Based on the latest data released by IMF, the global official foreign reserve assets were USD 10.73 trillion as of the end of the fourth quarter of 2018, of which the USD assets accounted for 61.7%, declining for 3 consecutive quarters.

II. Euro Zone

In 2018, Euro zone economic growth slowed, the overall consumer price rose, the core inflation remained relatively stable, and the unemployment rate continued to fall. Its export growth rate declined and business optimism weakened. Euro zone economy grew by 1.8%, 0.6 percentage point less than 2017. The European Central Bank (ECB) maintained the interest rates on the main refinancing operations, the marginal lending facility and the deposit facility unchanged, and kept the asset purchase amount unchanged, too. Under the influence of factors such as the expectation that the ECB would tighten the monetary policy, EURIBOR rose modestly, with 1-year EURIBOR at the level of -0.117% as of the end of December 2018. The exchange rate of EURO against USD closed at 1.1469 dollars per euro at the end of 2018, depreciating 4.39% year on year. According to the latest data released by IMF, as of the end of Q4 of 2018, the EURO accounted for 20.7% of the global official foreign reserve assets, which was the highest level since the fourth quarter of 2014.

III. Japan

The Japanese economic fluctuation was aggravated in 2018, with low inflation expectations, nearly full employment in labor market, and inadequate impetus for enterprises to increase wages. The Japanese economy grew by 0.8% in 2018, 1.1 percentage points lower than 2017. The Bank of Japan continued to implement quantitative and qualitative monetary easing under the yield curve control, and maintained unchanged both the excess reserve ratio and the asset purchase amount. At the end of 2018, the exchange rate of JPY against USD closed at 109.56 yen per dollar, appreciating 2.84% year on year. Based on the latest data released by IMF, as of the end of Q4 of 2018, the JPY assets accounted for 5.2% of the global official foreign reserve assets.

IV. United Kingdom

The economy of the United Kingdom grew at a low rate in 2018, with inflation falling, labor market tightening and the employment rate rising to a record high. The UK's economy grew by 1.4% in 2018, 0.4 percentage point less than 2017. The Bank of England hiked the benchmark interest rate and maintained the asset purchase amount unchanged. The exchange rate of GBP against USD closed at 1.2757 dollars per pound at the end of 2018, depreciating 5.59% year on year. According to the latest data released by IMF, as of the end of Q4 of 2018, the pound assets accounted for 4.4% of the global official foreign reserve assets.

V. Emerging Markets

In 2018, the economic performance of emerging market economies continued to be diversified. Some of them experienced both slower economic growth and high inflation at the same time, with intensified shocks to their foreign exchange markets, stock markets and bond markets. And massive capital outflows re-emerged. India maintained relatively quick economic growth in 2018, with a year-on-year growth rate of 8.2% in the second quarter and a slower growth rate of 6.6% in the fourth quarter. The Brazilian economic development impetus recovered with a economic growth rate of 1.1% for the whole year. Russian economy began to stabilize with the recovery of prices of commodities such as oil, with inflation under control and financial market in fluctuation. Russian economy grew by 2.3% in 2018. The economy of South Africa showed slight improvement in the third quarter, while its unemployment rate was still high. The GDP of Argentina contracted continuously with the impact of financial market turmoil. The economic status of Turkey worsened remarkably due to the economic sanction and monetary crisis. Under the tightening of global financial conditions and depreciation of local currencies, central banks from many countries, such as India, the Philippines, Indonesia, Turkey, Argentina, Russia, and Mexico, hiked rates following the Federal Reserve or kept the stance of monetary policy toward neutrality. The Argentine Peso, the Turkish Lira, the Brazilian Real and the Indian Rupee depreciated 50.6%, 28.3%, 14.7% and 8.2% respectively against the USD. In 2018, the Russian Ruble lost 17.3% against the USD and the Mexican Peso against the USD at the end of 2018 stayed basically the same as the beginning of 2018.

Box 11 More Countries Promulgated Policies for Settlement in RMB

In January 2018, The State Bank of Pakistan announced to include RMB in the currency basket usable in trade settlement, besides the currencies of G7 nations. It specified that both public and private sectors could use RMB in bilateral trade and investment between China and Pakistan, and designated RMB as the currency that could be used for forward hedge. This measure promoted many local banks to seek to start RMB business.

In April 2018, the PBC and the Central Bank of Nigeria signed a bilateral local currency swap agreement. The Central Bank of Nigeria allowed Nigerian importers to settle payments in RMB when importing Chinese goods such as machineries, and provided RMB liquidity to local commercial banks by purchasing and selling regularly to satisfy the demand for RMB in local market. For the above purpose, the Central Bank of Nigeria specially formulated Regulations for Transactions with Authorized Dealers in RMB, making detailed stipulation regarding the eligibility for purchasing and selling, the mode of payment, and the intervention conducted by the Central Bank of Nigeria in the use of RMB.

In August 2018, the State Bank of Vietnam promulgated the Guidelines on Management of Foreign Exchange for Border Trade between Vietnam and China, which had come into effect since October 2018. The Guidelines specifies that RMB can be used in the settlement for border trade between China and Vietnam, and expands the pilot area from 20 kilometers along the borderline to seven border provinces. In the light of the Guidelines, Vietnamese enterprises and individuals engaging in border trade can open RMB accounts, and banks in the border area can open RMB interbank accounts to carry out RMB settlement for the trade. As per the Guidelines, banks outside the border area can authorize Vietnamese banks in border area as agent banks to conduct RMB settlement for their border trade.

In January 2019, the Central Bank of Myanmar issued new foreign exchange policies, permitting banks with foreign exchange trading license to make international settlement in RMB. Banks engaged in foreign exchange trading can open RMB interbank accounts. RMB remittance for trade and investment can be converted into kyat in banks, and clients can also convert kyat into RMB through banks for overseas payment.

PART SIX
Outlook

RMB internationalization was determined by market force, and a natural process. Just as a Chinese saying goes, when water flows, a channel was formed. In the past decade, the function of RMB internationalization was mainly reflected in international payment and settlement, and the way forward would be to make RMB a freely usable currency. First, the PBC would insist on the principle of market-orientation, constantly remove restrictions on the cross-border use of RMB, and explore ways to promote a higher level of the pilot program to facilitate trade and investment. Second, the PBC would continuously promote the two-way opening up of domestic financial market, and further facilitate foreign investors to use RMB to invest in domestic bonds and stocks. Third, the PBC would guide a healthy development of RMB offshore market, increase the degree of free use of RMB, and promote a constructive interactions and deep integration between the offshore and onshore markets. Fourth, the PBC would improve macro-prudential management and deliver a good work on counter-cyclical adjustments to prevent cross-border capital flow risks.

I. RMB's Function as a Payment Currency Would be Strengthened

As the scale of China's foreign trade and investment continued to expand, the policy of RMB cross-border use covered all aspect, and various reforms continued to advance, there would be more market entities accepting RMB as payment and settlement currency. The initiative of "the Belt and Road" had been gradually implemented, which would lead to more use of RMB in countries along the Belt and Road. As the barriers on the use of RMB in more countries were gradually removed, cross-border RMB settlement was expected to continue to grow steadily. The Free Trade Zone and the Guangdong-Hong Kong-Macau Greater Bay Area would become new source for the growth of RMB cross-border payment.

II. RMB's Function as an Investment and Financing Currency Would be Deepened

With the increasing width and depth of the two-way opening-up of China's financial market, the continuous improvement of Shanghai & Shenzhen-Hong Kong Stock Connect, Bond Connect and other investment channels in the domestic financial market, the orderly progress of the financial market inter-connection in Guangdong-Hong Kong-Macau Greater Bay Area, and the inclusion of Chinese bonds into internationally important indexes, there would be a rapid growth for foreign entities to participate in domestic financial markets.

III. RMB's Function as a Reserve Currency Would be Realized

After RMB's inclusion into the SDR, the role of RMB had been rising. With the further deepening of China's currency cooperation with the foreign world, the continuously expanding of channels for foreign central banks and similar institutions investing in China's financial markets, and the constantly enhancing of the agency service of the PBC and domestic financial institutions, the willingness to hold the RMB as a reserve currency by foreign central banks and monetary authorities would obviously increase.

IV. RMB's Function as a Pricing Currency Would See More Development

The pricing function of RMB in governments' foreign-related statistics, calculation and management had been further enhanced. The role of domestic futures prices as a pricing benchmark for trading of bulk commodities such as oil and iron ore had initially emerged. The increasingly matured futures market had been gradually introduced to foreign traders, RMB's function as a pricing currency would see more development.

V. The Bilateral Monetary Cooperation Would be Promoted

The PBC would continue to steadily advance the cooperation with central banks and monetary authorities in other countries and regions, optimize the framework of monetary cooperation, promote global mainstream financial institutions to provide more RMB products and services, and continue to make the bilateral monetary cooperation play an active role in facilitating bilateral trade and investment and maintaining financial stability.

Box 12 Annual Market Survey on RMB International Usage

In 2018, Bank of China conducted a market survey among 3,274 domestic and foreign industrial and commercial enterprises and 94 financial institutions in major countries and regions using RMB, with the following main findings:

First, the domestic and foreign entities continued to have positive anticipation on the international use of RMB. About 77% of domestic and overseas respondents, which was 1 percentage point higher than 2017, anticipated that the international monetary status of RMB would approach to the international currencies of USD, EUR, JPY and GBP. Furthermore, a new record high of 50% of respondents anticipated that RMB would be on a par with international currencies such as USD and EUR. Over 30% of foreign financial institution respondents held the viewpoint that the status of RMB as one of the international currencies would approach to JPY and GBP, and over 30% of foreign financial institution respondents thought that the status of RMB as one of the international currencies would approach to USD and EUR, and thus the proportion of foreign financial institution respondents optimistic about the international status of RMB amounted to over 60%.

Figure 6-1 Anticipation of Domestic and Foreign Enterprises on the International Role of RMB

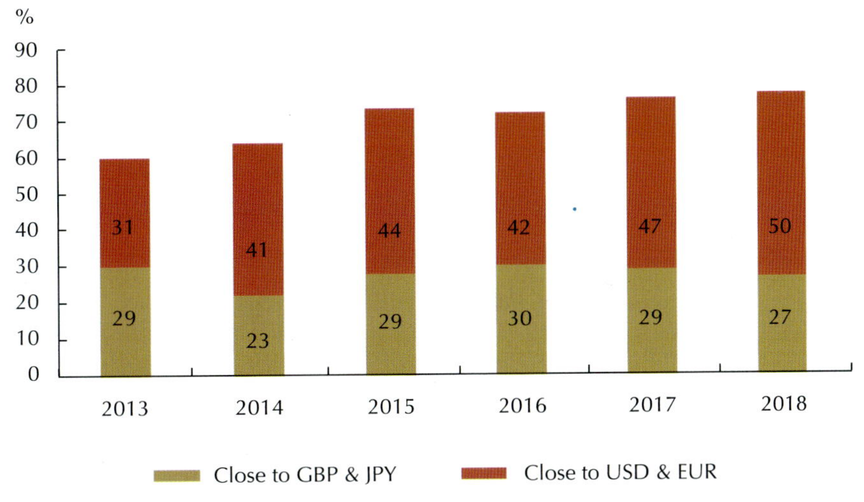

Source: PBC.

Second, foreign financial institutions had gradually expanded their own RMB related services from the fundamental products such as cross-border settlement, clearing, spot exchange to the fields of RMB loans, bond investments and derivatives. The survey showed that 45% of foreign financial institution respondents, which was 12 percent points higher than 2017, were able to provide three or more cross-border RMB products or services.

Figure 6-2 Anticipation of Foreign Financial Institutions on the International Role of RMB

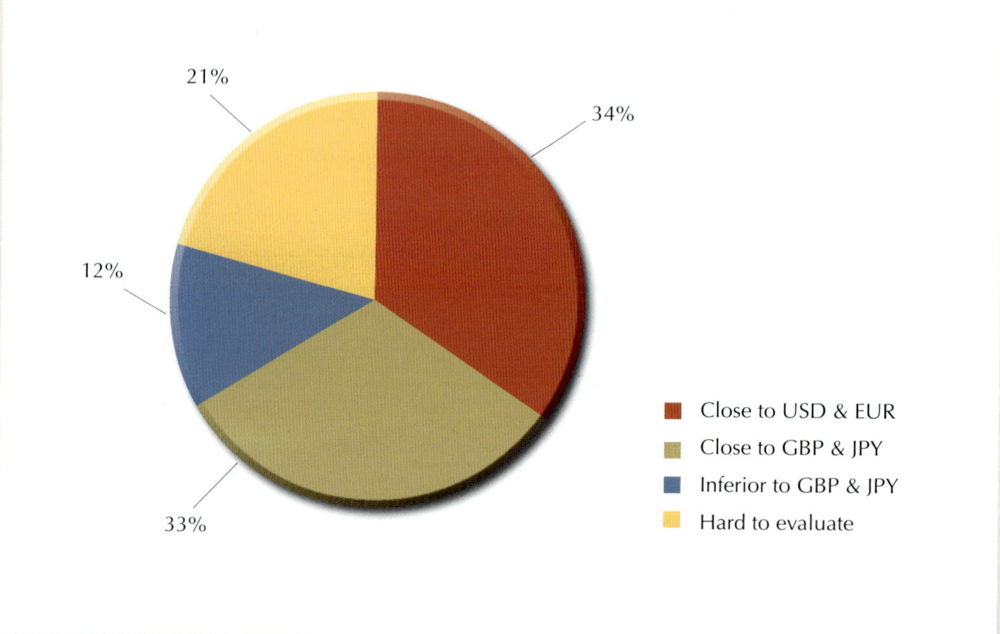

Third, more than 70% of domestic enterprise respondents responded that their foreign counterparties accepted the contracts priced and settled in RMB. The research results revealed that 18% of them, which remained steady in recent three years, responded that they could still persuade their foreign counterparties to accept RMB as the pricing currency even in the situation of exchange rate volatility. They thought that the main restrictions to the pricing function of RMB were the insufficient competence of bargaining for domestic enterprises, the shortage of source of overseas RMB and the relatively limited channels for RMB investments.

Figure 6-3 RMB Products and Services Provided by Foreign Financial Institutions

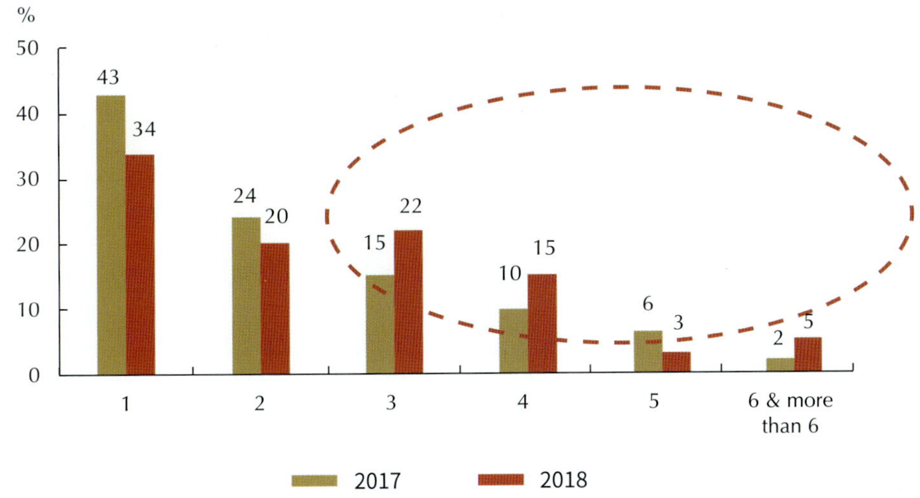

Source: PBC.

Figure 6-4 Acceptance of RMB by Foreign Trade Counterparties of Domestic Enterprises

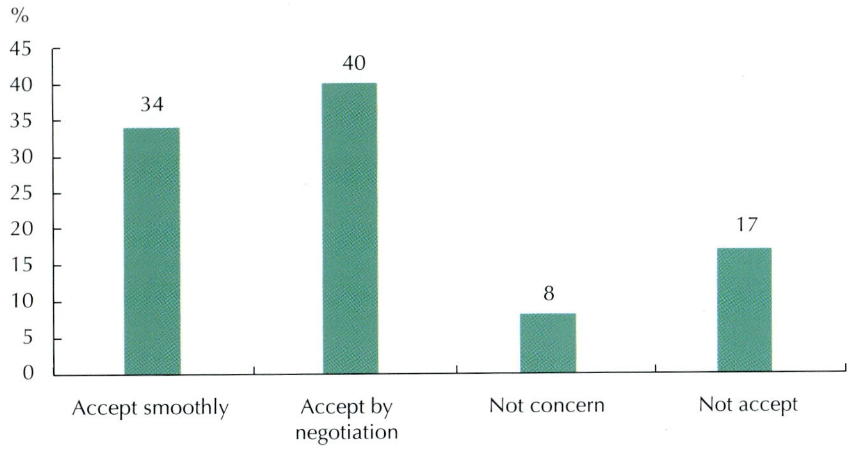

Source: PBC.

Figure 6-5 Proportion of Domestic Enterprises Sticking to RMB Pricing in the Situation of FX Volatility

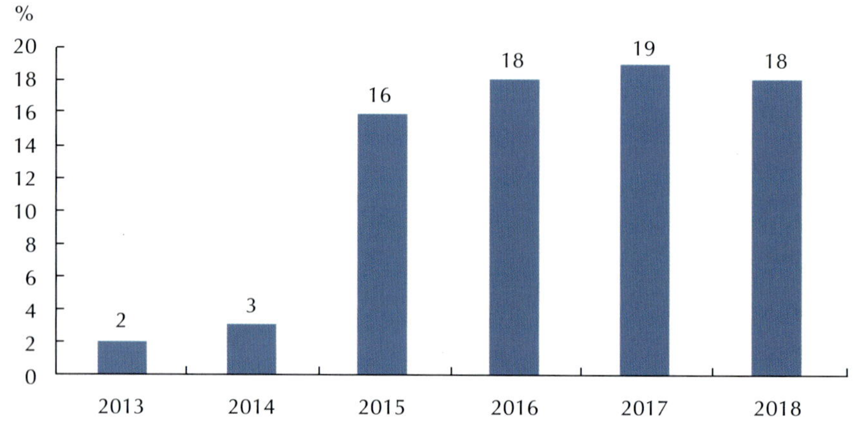

Source: PBC.

Figure 6-6 Proportion of Foreign Enterprises and Financial Institutions Considering RMB as a Financing Currency

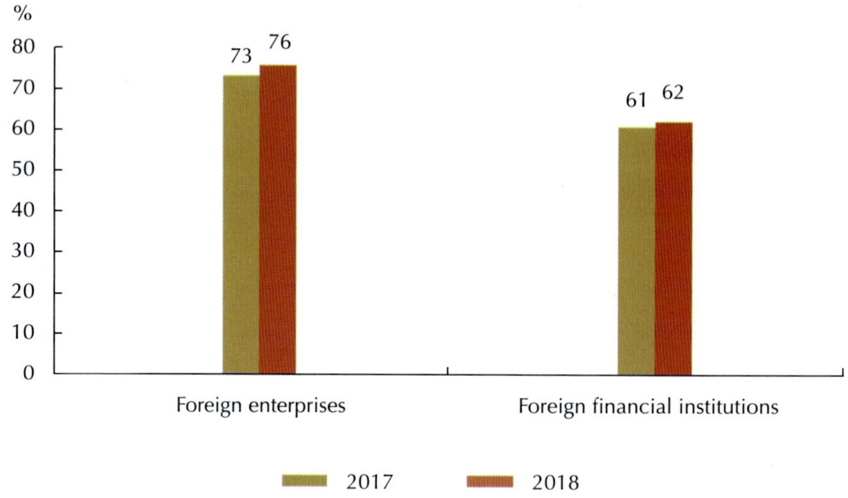

Source: PBC.

Fourth, in the difficulty of accessing to financing in USD and other international currencies due to the change of market situation, 76% of foreign enterprise respondents and 62% of foreign financial institution respondents expressed their willingness to consider RMB as the financing currency, both of which were higher than 2017.

Fifth, foreign financial institutions were more inclined to RMB assets allocation than enterprises. The survey showed that about 77% of foreign enterprise respondents exchanged the RMB they received into local currencies, and around 14% of them held RMB in the form of deposit for certain purposes such as paying for trade, and 9% of them invested in bonds or shares and other financial products. The survey also showed that about 43% of foreign financial institution respondents considered to increase the weight of RMB assets in their portfolios, which was 5 percentage points higher than 2017. Among the financial institution respondents planning to increase the weight of RMB in their assets, 69% said that they would invest in RMB bond assets, which was 9 percentage points higher than 2017. In terms of the types of bond investments, about 75% of foreign financial institution respondents were planning to increase the weight of Chinese government bonds. Compared with the bonds issued by developed countries such as the US, European countries and Japan, Chinese government bonds featured with more safety, more liquidity, and with higher yield. Chinese government bonds became the first choice when the foreign financial institutions invested in Chinese mainland bond market. In terms of the maturity structure, the foreign financial institution respondents preferred the short-term bonds with maturity less than three years. The respondents planning to invest in bonds with maturity less than one year and from 1 to 3 years both accounted for 28%, while the respondents planning to invest in bonds with maturity from three to five years and more than five years accounted for 14% and 7% respectively.

Figure 6-7 Trading Behaviors of Foreign Enterprises When Receiving RMB

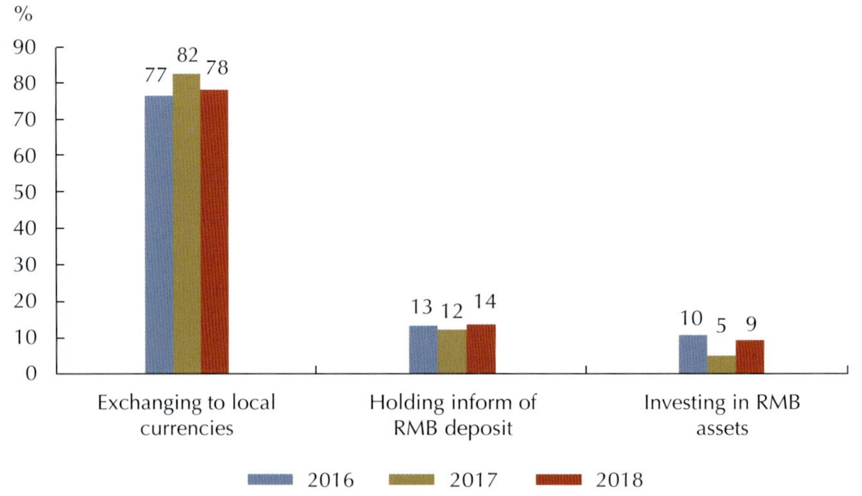

Source: PBC.

Figure 6-8 Proportion of Foreign Financial Institutions Planning to Increase RMB Financial Assets

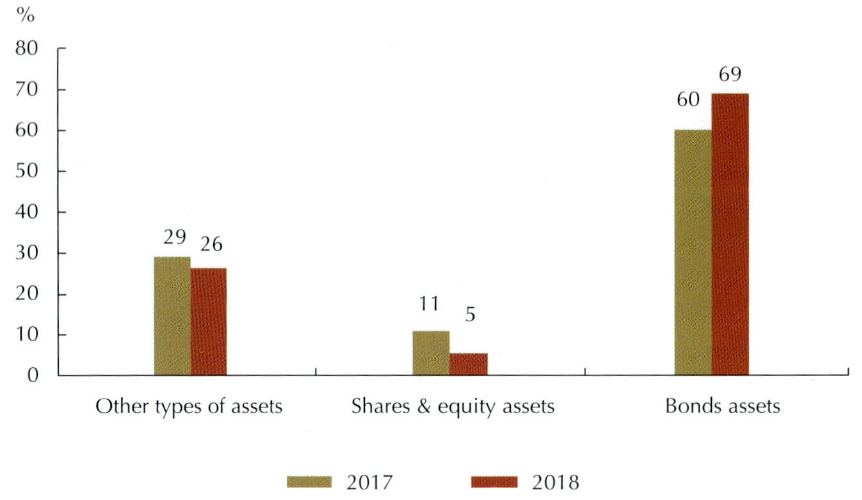

Source: PBC.

Figure 6-9 The Foreign Financial Institutions' Investment Preference as to the Type of RMB Bond

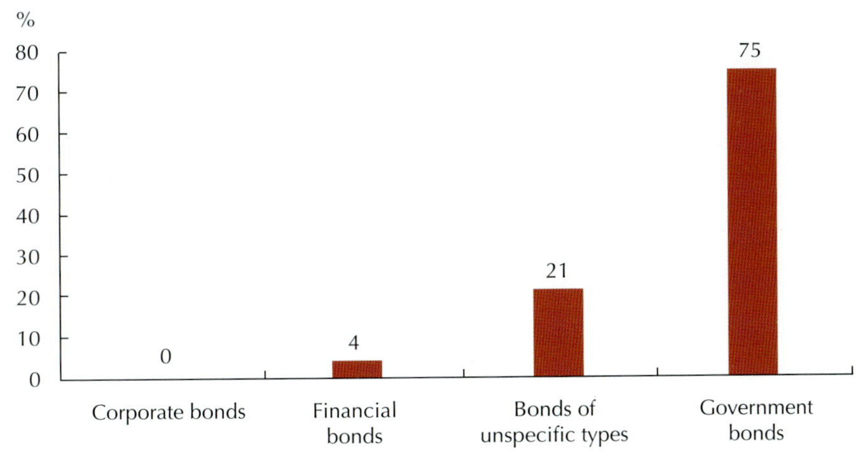

Source: PBC.

Figure 6-10 The Foreign Financial Institutions' Investment Preference as to the Maturity of RMB Bond

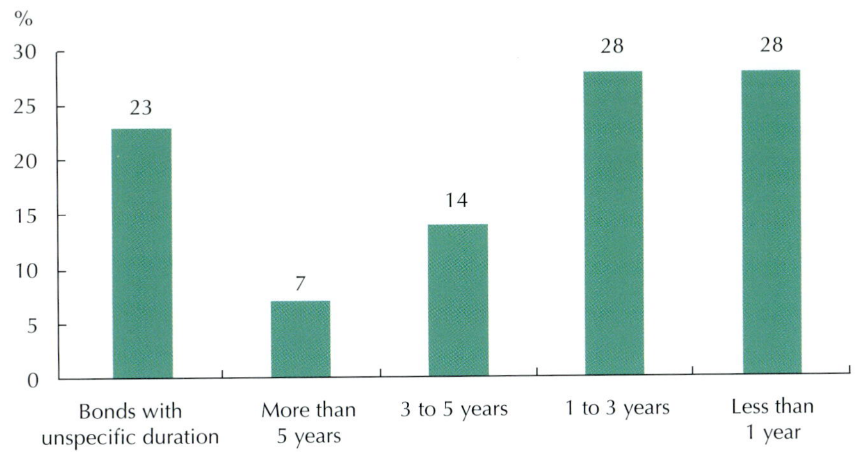

Source: PBC.

PART SEVEN

Highlights of RMB Internationalization

2009

On January 20, The PBC and the Monetary Authority of Hong Kong (HKMA) signed a bilateral local currency swap agreement of RMB 200 billion yuan/HKD 227 billion.

On February 8, The PBC and the Bank Negara Malaysia signed a bilateral local currency swap agreement of RMB 80 billion yuan/MYR 40 billion.

On March 11, The PBC and the National Bank of the Republic of Belarus signed a bilateral local currency swap agreement of RMB 20 billion yuan/BYR 8 trillion.

On March 23, The PBC and Bank Indonesia signed a bilateral local currency swap agreement of RMB 100 billion yuan/IDR 175 trillion.

On April 2, The PBC and the Central Bank of Argentina signed a bilateral local currency swap agreement of RMB 70 billion yuan/ARS 38 billion.

On April 20, The PBC and the Bank of Korea signed a bilateral local currency swap agreement of RMB 180 billion yuan/KRW 38 trillion.

On June 29, The PBC and the HKMA signed *the Supplementary Memorandum III* of Cooperation on the Pilot Program of RMB Settlement of Cross-border Trade Transactions between Mainland and Hong Kong.

On July 1, Upon the approval of the State Council, the PBC, Ministry of Finance (MOF), Ministry of Commerce (MOFCOM), General Administration of Customs (GAC),

State *Administration of Taxation (SAT) and China Banking Regulatory Commission (CBRC) jointly issued the Administrative Rules on the Pilot Program of RMB Settlement of Cross-border Trade Transactions* (PBC, MOF, MOFCOM, GAC, SAT, CBRC Public Announcement 〔2009〕 No.10).

On July 3, The PBC and the Bank of China (Hong Kong) Ltd. signed the revised *RMB Clearing Agreement,* to support pilot program of RMB settlement of cross-border trade transactions.

On July 3, The PBC issued the *Regulations for Implementing the Administrative Rules of the Pilot Program of RMB Settlement of Cross-border Trade Transactions* (PBC Document 〔2009〕 No.212).

On July 6, The first transaction of RMB cross-border trade settlement was conducted in Shanghai. And the RMB Cross-border Payment Information Management System (RCPMIS) was put into operation.

On July 7, The pilot program of RMB settlement of cross-border trade transactions was launched in four cities of Guangdong.

On July 14, The PBC, MOF, MOFCOM, GAC, SAT and CBRC jointly issued the notice to the Shanghai municipal government and Guangdong provincial government the approval of Enterprises list for the *Pilot Program of RMB Settlement of Cross-border Trade Transactions* (PBC General Administration Reply letter 〔2009〕 No.472). The first batch of 365 enterprises was officially approved to conduct RMB Settlement of export transactions.

On September 10, The PBC and the SAT signed the *Memorandum on data and information transmission on the RMB settlement of cross-border trade transactions.*

On September 15, The MOF issued the first sovereign RMB-denominated bond in Hong Kong with the amount of RMB 6 billion yuan.

On December 22, The PBC issued *Questions & Answers on relevant policies of the pilot program of RMB settlement of cross-border trade transactions.*

2010

On February 11, The HKMA issued *Elucidation of Supervisory Principles and Operational Arrangements Regarding the RMB Business in Hong Kong.*

On March 8, The PBC issued the *Interim Administrative Rules for the RMB Cross-border Payment Management Information System* (PBC Document 〔2010〕 No.79).

On March 19, The PBC and the GAC signed the *Memorandum of Cooperation on the RMB Settlement of Cross-border Trade Transactions.*

On March 24, The PBC and the National Bank of the Republic of Belarus signed a bilateral local currency settlement arrangement.

On June 9, The PBC and the Central bank of Iceland signed a bilateral local currency swap agreement of RMB 3.5 billion yuan/ISK 66 billion.

On June 17, The PBC, MOF, MOFCOM, GAC, SAT and CBRC jointly issued the *Notice on Expanding the Pilot Program of RMB Settlement of Cross-border Trade Transactions,* to expand the scope of the pilot program (PBC Document 〔2010〕 No.186).

On July 19, The PBC and the HKMA signed the *Supplementary Memorandum IV* of Co-operation on the Pilot Program of RMB Settlement of Cross-border Trade Transactions. The PBC and BOC (Hong Kong) Ltd. signed the revised *RMB Clearing Agreement.*

On July 23, The PBC and the Monetary Authority of Singapore (MAS) signed a bilateral local currency swap agreement of RMB 150 billion yuan/SGD 30 billion.

On August 17, The PBC issued the *Notice Concerning the Pilot Program on Investment in the Interbank Bond Market with RMB Funds by Three Types of Institutions Including*

Overseas RMB Clearing Banks (PBC Document 〔2010〕 No.217).

On August 19, With the authorization of the PBC, China Foreign Exchange Trade System (CFETS) announced that it would improve the trading mode of RMB against Malaysian ringgit and launch direct trading between the two currencies in the interbank foreign-exchange market.

On August 31, The PBC issued the *Administrative Rules for RMB Bank Settlement Accounts of Overseas Institutions* (PBC Document 〔2010〕 No.249).

On November 22, With the authorization of the PBC, China Foreign Exchange Trade System (CFETS) announced that it would improve the trading mode of yuan against Russian ruble and launch direct trading between the two currencies in interbank foreign-exchange market.

2011

On January 6, The PBC issued the *Administrative Rules for the Pilot Program of Settlement for RMB-denominated Outward Direct Investment* (PBC Public Announcement 〔2011〕 No.1), allowing banking institutions and enterprises in the pilot areas to conduct the RMB settlement of foreign direct investment transactions, and banking institutions to grant loans to overseas projects based on relative regulations.

On April 18, The PBC and the Reserve Bank of New Zealand signed a bilateral local currency swap agreement of RMB 25 billion yuan/NZD 5 billion.

On April 19, The PBC and the Central Bank of Republic of Uzbekistan signed a bilateral local currency swap agreement of RMB 700 million yuan/UZS 167 billion.

On May 6, The PBC and the Bank of Mongolia signed a bilateral local currency swap agreement of RMB 5 billion yuan/MNT 1 trillion.

On June 3, The PBC issued the *Notice on Specifying the Issues Relating to Cross-border RMB Business* (PBC Document 〔2011〕 No.145).

On June 9, Fudian Bank of Kunming and the Public Bank of Laos jointly launched the over-the-counter trading between RMB and LAK.

On June 13, The PBC and the National Bank of Kazakhstan signed a bilateral local currency swap agreement of RMB 7 billion yuan/KZT 150 billion.

On June 23, The PBC and the Central Bank of Russian Federation renewed the agreement on Payment and Settlement, which extended the coverage of local currency settlement from transactions in the border areas to general trade transactions between the two countries.

On June 28, ICBC Guangxi Branch launched the trading of RMB against Vietnamese Dong, while BOC Xinjiang Branch launched the trading of RMB against Kazakhstan Tenge on the same day.

On June 30, Bank of Communications Qingdao Branch and Industrial Bank of Korea Qingdao Branch launched the over-the-counter (OTC) trading of RMB against Korea won.

On July 27, The PBC, MOF, MOFCOM, GAC, SAT and CBRC jointly issued the *Circular on Geographical Expansion of the RMB Settlement of Cross-border Trade Transactions* (PBC Document 〔2011〕 No.203). It expanded the program to the entire mainland China.

On October 13, The PBC issued the *Administrative Rules on Settlement of RMB-denominated Foreign Direct Investment* (PBC Public Announcement 〔2011〕 No.23).

On October 24, The PBC issued the *Guidelines on RMB Loans of Domestic Banking Institutions for Overseas Projects* (PBC Document 〔2011〕 No.255).

On October 26, PBC and the Bank of Korea renewed the bilateral local currency swap arrangement, increasing its size from RMB 180 billion yuan/KRW 38 trillion to RMB 360 billion yuan/KRW 64 trillion.

On November 4, According to the principles and standards for RMB clearing bank in Hong Kong set by PBC Public Announcement 〔2003〕 No.16, the PBC authorized BOC (Hong Kong) Ltd. to resume the role of the RMB clearing bank in Hong Kong (PBC Public Announcement 〔2011〕 No.25).

On November 22, The PBC and HKMA renewed the bilateral local currency swap agreement, increasing its size from RMB 200 billion yuan/HKD 227 billion to RMB 400 billion yuan/HKD 490 billion.

On December 16, The CSRC, PBC and SAFE jointly issued the *Measures on the Pilot Program for RQFII-licensed Fund Management Companies and Securities Companies' Domestic Securities Investments* (CSRC Decree No.76).

On December 22, The PBC and the Bank of Thailand signed a bilateral local currency swap agreement of RMB 70 billion yuan/THB 320 billion.

On December 23, The PBC and the State Bank of Pakistan signed a bilateral local currency swap agreement of RMB 10 billion yuan/PKR 140 billion.

On December 29, The direct trading of RMB against THB in the local interbank foreign-exchange market was launched in Yunnan Province, which was the first case of direct trading of RMB against regional currencies.

On December 31, The PBC issued the *Notice on the Implementation of the Measures for the Pilot Program Allowing Fund Management Companies and Securities Companies Approved as RMB Qualified Foreign Institutional Investors (RQFII) to Invest in the Domestic Securities Market* (PBC Document 〔2011〕 No.321).

2012

On January 17, The PBC and the Central Bank of the United Arab Emirates signed a bilateral local currency swap agreement of RMB 35 billion yuan/AED 20 billion.

On February 6, The PBC, MOF, MOFCOM, GAC, SAT and CBRC jointly issued the *Notice on Issues Concerning RMB Settlement of Goods Export by Domestic Enterprises* (PBC Document 〔2012〕 No.23).

On February 8, The PBC and the Bank Negara Malaysia renewed the bilateral local currency swap agreement, increasing its size from RMB 80 billion yuan/MYR 40 billion to RMB 180 billion yuan/MYR 90 billion.

On February 21, The PBC and the Central Bank of the Republic of Turkey signed a bilateral currency swap agreement of RMB 10 billion/TRY 3 billion.

On March 20, The PBC and the Bank of Mongolia signed a supplemental bilateral local currency swap agreement, increasing its size from RMB 5 billion yuan/MNT 1 trillion to RMB 10 billion yuan/MNT 2 trillion.

On March 22, The PBC and the Reserve Bank of Australia signed a bilateral local currency swap agreement of RMB 200 billion yuan/AUD 30 billion.

On April 3, With the approval of the State Council, the RQFII quota for Hong Kong was increased by RMB 50 billion yuan.

On June 1, With the authorization of the PBC, the China Foreign Exchange Trade System (CFETS) announced that it would improve the trading mode between RMB against JPY and launch the direct trading between the two currencies in the Chinese interbank foreign-exchange market.

On June 26, The PBC and the National Bank of Ukraine signed a bilateral local currency swap agreement of RMB 15 billion yuan/UAH 19 billion.

On June 29, The PBC issued the *Circular of Specifying the Operational Rules for RMB Settlement in Foreign Direct Investments* (PBC Document 〔2012〕 No.165).

On July 31, The PBC issued the *Notice on the Issues Concerning the Opening and Using of RMB Settlement Account by Overseas Institutions* (PBC Document 〔2012〕 No.183).

On August 31, The PBC and the monetary authority of Taiwan signed the *Memorandum of Understanding on the Currency Clearing Cooperation across the Taiwan Straits.*

On September 24, The PBC and BOC Macau Branch renewed the *RMB Clearing Agreement.*

On November 13, With the approval of the State Council, the pilot quota for RQFII in Hong Kong was increased by RMB 200 billion yuan.

On December 11, The PBC authorized BOC Taipei Branch to serve as the RMB clearing bank in Taiwan.

2013

On January 25, The PBC and Taipei Branch of BOC signed the *RMB Clearing Agreement.*

On February 8, The PBC authorized the Singapore Branch of ICBC to serve as the RMB clearing bank in Singapore, and the two parties signed the *RMB Clearing Agreement* in April.

On March 1, The CSRC, PBC and SAFE jointly issued the *Measures on the Pilot Program of Securities Investment in China by RMB Qualified Foreign Institutional Investors* (CSRC Decree No.90).

On March 7, The PBC and the Monetary Authority of Singapore (MAS) renewed the bilateral local currency swap agreement of RMB 300 billion yuan/SGD 60 billion.

On March 13, The PBC issued the *Notice on the Issues Regarding Investment in the Interbank Bond Market by Qualified Foreign Institutional Investors* (PBC Document 〔2013〕 No.69).

On March 26, The PBC and the Central Bank of Brazil signed a bilateral local currency swap agreement of RMB 190 billion yuan/BRL 60 billion.

On April 10, With the authorization of the PBC, the China Foreign Exchange Trade System (CFETS) announced that it would improve the trading mode between RMB against Australian dollar and launch direct trading between the two currencies in the interbank foreign-exchange market.

On April 25, The PBC issued the *Notice on the Issues Concerning the Implementation of the Measures for the Pilot Program of Securities Investment in China by RMB Qualified Foreign Institutional Investors* (PBC Document 〔2013〕 No.105).

On June 21, The *Cross-Strait Service Trade Agreement* (the Agreement) was signed by both sides of the Taiwan Strait. According to the Agreement, Taiwan-funded financial institutions would be allowed to invest in Mainland capital market with an investment quota of RMB 100 billion yuan.

On June 22, The PBC and the Bank of England signed a bilateral local currency swap agreement of RMB 200 billion yuan/GBP 20 billion.

On July 9, The PBC issued the *Notice on Simplifying the Procedures for Cross-border RMB Services and Improving Relevant Policies* (PBC Document 〔2013〕 No.168).

On August 23, The General Administration Department of the PBC issued the *Notice on Improving the Information Reporting Procedures of the RMB Cross-border Payment Management Information System (RCPMIS)* (PBC General Administration Department Document 〔2013〕 No.188).

On September 9, The PBC and the Magyar Nemzeti Bank (Hungarian National Bank) signed a bilateral local currency swap agreement of RMB 10 billion yuan/HUF 375 billion .

On September 11, The PBC and the Central Bank of Iceland renewed the bilateral local currency swap agreement of RMB 3.5 billion yuan/ISK 66 billion.

On September 12, The PBC and the Bank of Albania signed a bilateral local currency swap agreement of RMB 2 billion yuan/ALL 35.8 billion.

On September 23, The PBC issued the *Notice on the Issues Concerning the RMB Settlement for Investment in Domestic Financial Institutions by Overseas Investors* (PBC Document 〔2013〕 No.225).

On October 1, The PBC and Bank of Indonesia renewed the bilateral local currency swap agreement of RMB 100 billion yuan/IDR 175 trillion.

On October 8, The PBC and the European Central Bank signed a bilateral local currency swap agreement of RMB 350 billion yuan/EUR 45 billion.

On October 15, At the 5th China-UK Economic and Financial Dialogues, China announced the RQFII program for UK with the quota of RMB 80 billion yuan.

On October 22, At the 10th meeting of the Sino-Singapore Joint Council for Bilateral Cooperation, China announced the RQFII program for Singapore with the quota of RMB 50 billion yuan.

On December 31, The PBC released the *Notice on Adjusting the Administration of RMB Sales and Purchases* (PBC Document 〔2013〕 No.321).

2014

On March 14, The PBC, MOF, MOFCOM, GAC, SAT and CBRC jointly issued the *Notice on Simplifying the Procedures Concerning the RMB Settlement of Goods Export by Domestic Enterprises* (PBC Document 〔2014〕 No.80).

On March 19, With the authorization of PBC, the China Foreign Exchange Trade System (CFETS) announced that it would improve the trading mode between RMB and New Zealand dollar and launch direct exchange between the two currencies in the interbank foreign-exchange market.

On March 26, China and France jointly announced that China would extend its RQFII program to France with the quota of RMB 80 billion yuan.

On March 28, The PBC and Deutsche Bundesbank signed the *Memorandum of Understanding* on establishing RMB clearing arrangements in Frankfurt.

On March 31, The PBC and Bank of England signed the *Memorandum of Understanding* on establishing RMB clearing arrangements in London.

On April 25, The PBC and Reserve Bank of New Zealand renewed the bilateral local currency swap agreement of RMB 25 billion yuan/NZD 5 billion.

On June 11, The PBC issued the *Guidelines on Implementation of Opinions of the State Council General Office on Supporting the Stable Growth of Foreign Trade* (PBC Document 〔2014〕 No.168).

On June 17, The PBC authorized China Construction Bank (London) Ltd. to serve as the RMB clearing bank in London.

On June 18, The PBC authorized the Frankfurt Branch of BOC to serve as the RMB clearing bank in Frankfurt.

On June 19, With the authorization of the PBC, the China Foreign Exchange Trade System (CFETS) announced that it would improve the trading mode between RMB and GBP and launch direct exchange between the two currencies in the interbank foreign-exchange market.

On June 28, The PBC and the central bank of France signed the *Memorandum of Understanding* on establishing RMB clearing arrangements in Paris. The PBC and Central Bank of Luxembourg signed the Memorandum of Understanding on establishing RMB clearing arrangements in Luxembourg.

On July 3, The PBC and Bank of Korea signed the *Memorandum of Understanding* on establishing RMB clearing arrangements in Seoul. China declared to grant the Republic of Korea an RQFII investment quota of RMB 80 billion yuan.

On July 4, The PBC authorized the Seoul Branch of Bank of Communications to serve as the RMB clearing bank in Seoul.

On July 7, During German Chancellor Merkel's visit to China, Premier Li Keqiang announced that China would extend its RQFII program to Germany, with the quota of RMB 80 billion yuan.

On July 18, The PBC and the Central Bank of Argentina renewed the bilateral local currency swap agreement of RMB 70 billion yuan/ARS 90 billion.

On July 21, The PBC and Swiss National Bank signed a bilateral local currency swap agreement of RMB 150 billion yuan/CHF 21 billion.

On August 21, The PBC and Bank of Mongolia renewed the bilateral local currency swap agreement of RMB 15 billion yuan/MNT 4.5 trillion.

On September 5, The PBC authorized the Paris Branch of BOC to serve as the RMB clearing bank in Paris, and the Luxembourg Branch of ICBC to serve as the RMB clearing bank in Luxembourg.

On September 16, The PBC and the Central Bank of Sri Lanka signed a bilateral local currency swap agreement of RMB 10 billion yuan/LKR 225 billion.

On September 28, The PBC issued the *Notice on Cross-border RMB Settlement of RMB-denominated Debt Financing Instruments issued by Overseas Institutions in China* (PBC General Administration Document 〔2014〕 No.221).

On September 30, With the authorization of the PBC, the China Foreign Exchange Trade System (CFETS) announced that it would improve the trading mode between RMB and Euro and launch direct trading between the two currencies on the interbank foreign-exchange market.

On October 11, The PBC and Bank of Korea renewed the bilateral local currency swap agreement of RMB 360 billion yuan/KRW 64 trillion.

On October 13, The PBC and the Central Bank of Russia signed a bilateral local currency swap agreement of RMB 150 billion yuan/RUB 815 billion.

On November 1, The PBC issued the *Notice Concerning Centralized Cross-border RMB Fund Operation Conducted by Multinational Corporations* (PBC Document 〔2014〕 No.324).

On November 3, The PBC and Qatar Central Bank signed the *Memorandum of Understanding* on establishing RMB clearing arrangements in Doha, and signed a bilateral local currency swap agreement of RMB 35 billion yuan/QAR 20.8 billion. China announced the RQFII program for Qatar with a quota of RMB 30 billion yuan.

On November 4, the PBC authorized the Doha Branch of ICBC to serve as the RMB clearing bank in Doha.

On November 4, The PBC and CSRC jointly issued the *Notice on the Pilot Program of the Shanghai-Hong Kong Stock Connecting Scheme* (PBC Document 〔2014〕 No.336).

On November 5, The PBC issued the *Notice on the Issues Concerning the Overseas Securities Investment by RMB Qualified Domestic Institutional Investors* (PBC Document 〔2014〕 No.331).

On November 8, The PBC and Bank of Canada signed the *Memorandum of Understanding* on establishing RMB clearing arrangements in Canada, and signed a bilateral local currency swap agreement of RMB 200 billion yuan/CAD 30 billion. China announced the RQFII program for Canada with a quota of RMB 50 billion yuan. On November 9, the PBC authorized ICBC (Canada) Ltd. to serve as the RMB clearing bank in Toronto.

On November 10, The PBC and Central Bank of Malaysia signed the *Memorandum of Understanding* on establishing the RMB clearing arrangements in Kuala Lumpur.

On November 17, The PBC and Reserve Bank of Australia signed the *Memorandum of Understanding* on establishing RMB clearing arrangements in Australia. China declared to grant Australia an RQFII investment quota of RMB 50 billion yuan. On November 18, the PBC authorized the Sydney Branch of BOC to serve as the RMB clearing bank in Sydney.

On November 22, The PBC and HKMA renewed the bilateral local currency swap agreement of RMB 400 billion yuan/HKD 505 billion.

On December 14, The PBC and the National Bank of Kazakhstan renewed the bilateral local currency swap agreement of RMB 7 billion yuan/KZT 200 billion.

On December 15, with the authorization of the PBC, the China Foreign Exchange Trade System (CFETS) announced that it would launch direct trading between RMB and KZT in the local interbank foreign-exchange market.

On December 22, The PBC and Bank of Thailand signed the *Memorandum of Understanding* on establishing RMB clearing arrangements in Thailand. PBC and Bank of Thailand renewed the bilateral local currency swap agreement of RMB 70 billion yuan/THB 370 billion.

On December 23, The PBC and State Bank of Pakistan renewed the bilateral local currency swap agreement of RMB 10 billion yuan/PKR 165 billion.

2015

On January 5, The PBC authorized BOC (Malaysia) Ltd. and ICBC(Thailand) Ltd. to serve as the RMB clearing bank in Kuala Lumpur and Bangkok respectively.

On January 21, The PBC and Swiss National Bank signed the Memorandum of Understanding on establishing RMB clearing arrangements in Switzerland, granting Switzerland an RQFII investment quota of RMB 50 billion yuan.

On March 18, The PBC and the Central Bank of Suriname signed a bilateral local currency swap agreement of RMB 1 billion yuan/SRD 520 million.

On March 25, The PBC and the Central Bank of Armenia signed a bilateral local currency swap agreement of RMB 1 billion yuan/AMD 77 billion.

On March 30, The PBC and the Reserve Bank of Australia renewed the bilateral local currency swap agreement of RMB 200 billion yuan/AUD 40 billion.

On April 10, The PBC and the South African Reserve Bank signed a bilateral local currency swap agreement of RMB 30 billion yuan/ZAR 54 billion.

On April 17, The PBC and the Bank Negara Malaysia renewed the bilateral local currency swap agreement of RMB 180 billion yuan/MYR 90 billion.

On April 29, The pilot area of RQFII was expanded to Luxembourg with an investment quota of RMB 50 billion yuan.

On May 10, The PBC and the National Bank of the Republic of Belarus renewed the bilateral local currency swap agreement of RMB 7 billion yuan/ BYR 16 trillion.

On May 15, The PBC and the National Bank of Ukraine renewed the bilateral local currency swap agreement of RMB 15 billion yuan/UAH 54 billion.

On May 25, The PBC and the Central Bank of Chile signed a Memorandum of Understanding on establishing RMB clearing arrangements in Chile and a bilateral local currency swap agreement of RMB 22 billion yuan/CLP 2.2 trillion. China declared to grant Chile an RQFII investment quota of RMB 50 billion yuan. On the same day, the PBC authorized the China Construction Bank's Chile Branch to serve as the RMB clearing bank in Chile.

On June 1, The PBC issued the *Notice of the People's Bank of China on Issues Concerning the Repo Operation of Foreign RMB Clearing Banks and Foreign RMB Participant Banks in the Interbank bond Market* (PBC Document 〔2015〕 No.170).

On June 11, The PBC released *RMB Internationalization Report (2015).*

On June 27, The PBC and the Central Bank of Hungary signed the *Memorandum of Understanding* on establishing RMB clearing arrangements in Hungary and the *Agency Agreement of Investment for the PBC to Manage the MNB's Investment in China Interbank Bond Market.* On the same day, the two parties also agreed to include Hungary in the pilot RQFII program with an investment quota of RMB 50 billion yuan.

On June 28, The PBC authorized Hungary branch of BOC to serve as the RMB clearing bank in Hungary.

On July 7, The PBC and the South African Reserve Bank signed the *Memorandum of Understanding* on establishing RMB clearing arrangements in South Africa.

On July 8, the PBC authorized the Johannesburg Branch of BOC to serve as the RMB clearing bank in South Africa.

On July 14, The PBC issued the *Notice of the People's bank of China on Issues Concerning Investment of Foreign Central Banks, International Financial Institutions and Sovereign Wealth Funds with RMB Funds in the Interbank Market* (PBC Document 〔2015〕 No.220). The regulation simplified the procedures of foreign central banks, international financial institutions and sovereign wealth funds' access to the interbank market and the investment quota limit on these entities was removed. These entities could freely choose the PBC or settlement agent of the interbank market to serve as their agents for trading and settlement and more instruments were available for them to invest.

On July 24, The PBC released an announcement on *Issues Concerning RMB Cross-border Settlement of Crude Oil Futures Trading on Onshore Market* (PBC Public Announcement 〔2015〕 No.19). It regarded RMB as the invoicing and settlement currency for domestic crude oil futures, overseas traders and brokers were allowed to participate in Chinese crude oil futures trading.

On August 11, The PBC released a statement on *Improving the Quotation Mechanism of Central Parity between the RMB against the USD*. Since August 11 2015, before the opening quotation of the Interbank foreign-exchange market, market makers make offers to China Foreign Exchange Trading Center referencing the closing exchange rate in the Interbank foreign-exchange market on the previous day, the condition of foreign exchange supply and demand along with changes in the exchange rate of major international currencies comprehensively.

On September 3, The PBC and the Central Bank of Tajikistan signed a bilateral local currency swap agreement of RMB 3 billion yuan/Somoni 3 billion.

On September 7, The PBC issued the *Notice on Further Facilitating Multinational Conglomerates in Conducting Two-way Cross-border RMB Cash Pooling Business* (PBC Document 〔2015〕 No.279).

On September 17, The PBC and the Central Bank of *Argentina signed the Memorandum of Understanding* on establishing RMB clearing arrangements in Argentina.

On September 18, The PBC authorized ICBC(Argentina) Ltd to serve as the RMB clearing bank in Argentina.

On September 21, The PBC approved HSBC (Hong Kong and Shanghai Banking Corporation) and BOC (Hong Kong) Ltd. to issue financial bonds in the interbank bond market. This was the first time that the international commercial banks were permitted to issue RMB-denominated bonds in interbank bond market.

On September 26, The PBC and the Central Bank of the Republic of Turkey renewed the bilateral local currency swap agreement of RMB 12 billion yuan/Lira 5 billion.

On September 27, The PBC and the National Bank of Georgia signed the bilateral local currency swap framework agreement.

On September 29, The PBC and the Central Bank of Zambia signed the *Memorandum of Understanding* on establishing RMB clearing arrangements in Zambia. On September 30, The PBC authorized the Bank of China (Zambia) Limited to serve as the RMB clearing bank in Zambia.

On September 29, The PBC and the National Bank of the Kyrgyz Republic signed an agreement of intention on strengthening cooperation.

On September 30, The PBC released the PBC Public Announcement 〔2015〕 No.31. Foreign central banks (monetary authorities), other official reserve management organizations, international financial institutions and sovereign wealth fund were allowed to trade in the Chinese interbank foreign-exchange market.

On October 8, The CIPS (Phase one) was launched successfully.

On October 20, the PBC issued RMB 5 billion yuan of 1-year central bank bills in London in way of book-building, with a 3.1% coupon rate. This was the first time for PBC issuing RMB-denominated central bank bills outside mainland China.

On October 20, The PBC and the Bank of England renewed the bilateral local currency swap agreement of RMB 350 billion yuan/Pound 35 billion.

On November 2, The General Administration Department of the PBC issued the *Notice on Foreign Central Bank-Type Institutions to open the RMB Settlement Account in Domestic Banking Financial Institutions* (PBC General Administration Department Document 〔2015〕

No.227). It facilitated foreign central banks(monetary authorities), other official reserve management organizations, international financial institutions, and sovereign wealth funds to conduct relative business onshore.

On November 6, The PBC and SAFE released the *Operational Guideline for Funds Management in Cross-border Issuance and Sales of Mainland and Hong Kong Securities Investment Funds* (The PBC SAFE Public Announcement 〔2015〕 No.36).

On November 9, The PBC authorized the CFETS to conduct direct trading between RMB and Swiss franc in the interbank foreign-exchange market.

On November 18, China-Europe International Exchange Co.,Ltd. held its establishment ceremony, and launched the first batch of RMB-denominated spot security products.

On November 23, The pilot program of RQFII was extended to Malaysia with an investment quota of RMB 50 billion yuan.

On November 25, The first batch of foreign central banks finished filing with CFETS and accessed the Chinese interbank foreign-exchange market.

On November 27, NAFMII accepted the registration of the Province of British Columbia of Canada to issue RMB 6 billion yuan RMB-denominated sovereign bonds in the Chinese interbank bond market.

On November 30, The Executive Board of IMF decided to include RMB into the currency basket of the SDR as a fifth currency along with the U.S. dollar, the euro, the Japanese yen, and the British pound. The weight of the RMB in the SDR basket is 10.92%. The new basket will become effective on October 1, 2016. On the same day, the PBC authorized the Zurich branch of CCB to serve as the RMB clearing bank in Swiss.

On December 7, NAFMII accepted the registration of the Republic of Korea to issue RMB 3 billion yuan RMB-denominated sovereign bonds on the Chinese Interbank bond market.

On December 14, The PBC and the Central Bank of United Arab Emirates signed a bilateral local currency swap agreement of RMB 35 billion yuan/UAE Diram 20 billion. On the same day, the two parties signed the *Memorandum of Understanding* on establishing RMB clearing arrangements in UAE. The PBC agreed to expand the pilot program of RQFII to UAE, with an investment quota of RMB 50 billion yuan.

On December 17, the pilot program of RQFII was expanded to Thailand, with an investment quota of RMB 50 billion yuan.

2016

On January 20, The General Administration Department of the PBC issued the *Notice on usage of funds on Overseas Institutions' RMB Bank Settlement Accounts* (PBC General Administration Department Document 〔2016〕 No.15).

On January 22, The PBC issued the Notice on Expanding the *Pilot Program of Cross-border Financing Macroprudential Management* (PBC Document 〔2016〕 No.18).

On February 24, The PBC released an announcement on *Issues Regarding Investment in the interbank Bond Market by Overseas Institutional Investors* (PBC Public Announcement 〔2016〕 No.3).

On March 7, The PBC and the Monetary Authority of Singapore(MAS) renewed the bilateral local currency swap agreement of RMB 300 billion yuan/SGD 64 billion, and the period of validity is 3 years.

On April 29, The PBC issued the *Notice on Implementing Nationally the Macroprudential Management of Cross-border Financing* (PBC Document 〔2016〕 No.132).

On May 11, The PBC and the Central Bank of Morocco signed a bilateral local currency swap agreement of RMB 10 billion yuan/MAD 15 billion.

On June 7, The PBC and the Federal Reserve Board signed the Memorandum of

Understanding on establishing RMB clearing arrangements in the United States. China declared to grant the U.S. an RQFII investment quota of RMB 250 billion yuan.

On June 17, The PBC and the Central Bank of the Republic of Serbia signed a bilateral local currency swap agreement of RMB 1.5 billion yuan/RSD 27 billion, and the period of validity is 3 years.

On June 20, With the authorization of the PBC, the China Foreign Exchange Trade System (CFETS) announced that it would improve the trading mode between RMB and South African Rand and launch direct trading between the two currencies on the interbank foreign-exchange market.

On June 25, The PBC and the Central Bank of the Russian Federation signed the Memorandum of Understanding on establishing RMB clearing arrangements in the Russian Federation.

On June 27, With the authorization of the PBC, the China Foreign Exchange Trade System (CFETS) announced that it would improve the trading mode between RMB and South-Korean Won and launch direct trading between the two currencies on the interbank foreign-exchange market.

On July 11, The Bank of China (Hong Kong) linked to CIPS as a direct participant, becoming the first overseas direct participant. On the same day, the China Citic Bank, Bank of Shanghai, China Guangfa Bank, Bank of Jiangsu, Bank of Tokyo-Mitsubishi UFJ (China), Mizuho Bank (China), Hang Seng Bank (China) linked to CIPS as direct participants. The number of direct participants of CIPS has increased to 27.

On August 10, The General Administration Department of the PBC issued *the Reply Letter on Issues Concerning the Republic of Poland Issues RMB-denominated Bonds of RMB on the Interbank Bond Market,* approved the Republic of Poland's application on issuing RMB-denominated bonds on the inter-bank bond market (PBC General Administration Department Letter 〔2016〕 No.378).

On August 30, The PBC and SAFE issued *the Notice on Issues Concerning the Domestic Security Investment and Management by Renminbi Qualified Foreign Institutional Investors* (PBC Document 〔2016〕 No.227).

On September 12, The PBC and the Central Bank of Hungary renewed the bilateral local currency swap agreement of RMB 10 billion yuan/ HUF 416 billion, and the period of validity is 3 years.

On September 20, The PBC issued an announcement, which authorized the Bank of China (New York) Limited to serve as the RMB clearing bank in America (PBC Public Announcement 〔2016〕 No.23).

On September 23, The PBC issued an announcement, which authorized the Industrial and Commercial Bank of China (Moscow) Limited to serve as the RMB clearing bank in Russia (PBC Public Announcement 〔2016〕 No.24).

On September 26, The PBC authorized the CFETS to conduct direct trading between RMB and Saudi Riyal in the interbank foreign-exchange market.

On September 26, The PBC authorized the CFETS to conduct direct trading between RMB and UAE Dirham in the interbank foreign-exchange market.

On September 27, The PBC and the European Central Bank signed a supplemental agreement, which extending the validity of bilateral local currency swap agreement for 3 years to Oct.8, 2019. The size is remain RMB 350 billion yuan/EUR 45 billion.

On November 4, The PBC and CSRC issued *the Notice on the Program of the Shanghai, Shenzhen and Hong Kong Stock Connect Scheme* (PBC Document 〔2016〕 No. 282).

On December 5, the Shenzhen-Hong Kong Stock Connect Scheme officially launched.

On November 14, With the authorization of the PBC, CFETS announced that it would improve the trading mode between RMB and Canadian Dollar and launch direct trading between the two currencies in the interbank foreign-exchange market.

On November 29, The PBC issued the *Notice on Further Clarifying Relevant Issues Concerning the Overseas Renminbi Lending Business of Domestic Enterprises* (PBC Document 〔2016〕 No.306).

On December 6, The PBC and the Central Bank of Egypt signed a bilateral local currency swap agreement of RMB 18 billion yuan/EGP 47 billion, the period of validity is 3 years.

On December 9, The PBC issued an announcement, which authorized the Agriculture Bank of China (Dubai) Limited to serve as the RMB clearing bank in UAE (PBC Public Announcement 〔2016〕 No.30).

On December 12, The PBC authorized the CFETS to conduct direct trading between RMB and Mexican Peso in the interbank foreign-exchange market.

On December 12, The PBC authorized the CFETS to conduct direct trading between RMB and Turkish Lira in the interbank foreign-exchange market.

On December 12, The PBC authorized the CFETS to conduct direct trading between RMB and Polish Zloty in the interbank foreign-exchange market.

On December 12, The PBC authorized the CFETS to conduct direct trading between RMB and Danish Krone in the interbank foreign-exchange market.

On December 12, The PBC authorized the CFETS to conduct direct trading between RMB and Hungary Forint in the interbank foreign-exchange market.

On December 12, The PBC authorized the CFETS to conduct direct trading between RMB and Norwegian Krone in the interbank foreign-exchange market.

On December 12, The PBC authorized the CFETS to conduct direct trading between RMB and Swedish Krone in the interbank foreign-exchange market.

On December 21, The PBC and the Central Bank of Iceland renewed the bilateral local currency swap agreement of RMB 3.5 billion yuan/ISK 66 billion, and the period of validity is 3 years.

On December 26, The General Administration Department of the PBC issued *the Notice on Cross-border Renminbi Settlement of Renminbi-denominated Debt Financing Instruments issued by Overseas Institutions in China* (PBC General Administration Department Document 〔2016〕 No.258).

2017

On January 13, The PBC issued the *Notice on Issues Concerning the Macroprudential Management of Overall Cross-Border Financing* (PBC Document 〔2017〕 No. 9).

On March 20, The PBC and Bank of China New York Branch signed *the RMB Clearing Agreement.*

On March 20, The PBC and Industrial and Commercial Bank of China (Moscow) Limited signed *the RMB Clearing Agreement.*

On March 20, The PBC and Agriculture Bank of China Dubai Branch signed *the RMB Clearing Agreement.*

On May 19, The PBC and the Central Bank of New Zealand renewed the bilateral local currency swap agreement of RMB 25 billion yuan/NZD 5 billion, and the period of validity is 3 years.

On May 23, The PBC issued *the Notice on Issuing the Regulation Related on RMB Cross-border Payment Management Information System (RCPMIS)* (PBC Document 〔2017〕 No. 126).

On May 27, The General Administration Department of the PBC issued *the Notice* *on Improving the Interbank Transaction Information Reporting Procedures of the Renminbi Cross-border Payment Management Information System* (PBC General Administration Department Document 〔2017〕 No.118).

On June 29, The PBC and Bank of China (Hong Kong) Limited renewed *the RMB Clearing Agreement.*

On July 4, With the approval of the State Council, the quota of Hong Kong's RQFII will be expanded to RMB 500 billion yuan.

On July 6, The PBC and the Bank of Mongolia renewed the bilateral local currency swap agreement of RMB 15 billion yuan/MNT 5.4 trillion, and the period of validity is 3 years.

On July 18, The PBC and the Central Bank of Argentina renewed the bilateral local currency swap agreement of RMB 70 billion/ARS 175 billion, and the period of validity is 3 years.

On July 21, The PBC and the Swiss National Bank renewed the bilateral local currency swap agreement of RMB 150 billion yuan/CHF 21 billion, and the period of validity is 3 years.

On August 11, With the authorization of the PBC, the China Foreign Exchange Trade System (CFETS) may conduct direct trading between RMB and Mongolia MNT in the interbank foreign-exchange market.

On September 13, With the authorization of the PBC, the China Foreign Exchange Trade System (CFETS) may conduct direct trading between RMB and Cambodia KHR in the interbank foreign-exchange market.

On September 21, The PBC and Bank of China Macau branch renewed *the RMB Clearing Agreement.*

On October 11, The PBC and the Bank of Korea renewed the bilateral local currency swap agreement of RMB 360 billion/KRW 64 trillion, and the period of validity is 3 years.

On November 2, The PBC and the Qatar Central Bank renewed the bilateral local currency swap agreement of RMB 35 billion/QAR 20.8 billion, and the period of validity is 3 years.

On November 8, The PBC and the Bank of Canada renewed the bilateral local currency swap agreement of RMB 200 billion/CAD 30 billion , and the period of validity is 3 years.

On November 22, The PBC and the Monetary Authority of Hong Kong renewed the bilateral local currency swap agreement of RMB 400 billion/HKD 470 billion , and the period of validity is 3 years.

On November 22, The PBC and the Central Bank of Russian Federation renewed the bilateral local currency swap agreement of RMB 150 billion/RUB 1,325 billion, and the period of validity is 3 years.

On December 22, The PBC and the Bank of Thailand renewed the bilateral local currency swap agreement of RMB 70 billion/THB 370 billion, and the period of validity is 3 years.

2018

On January 4, the PBC and Taipei Branch of Bank of China renewed the RMB clearing agreement.

On January 5, the PBC issued the *Notice on Further Improving Policies for Cross-border RMB Business to Facilitate Trade and Investment* (PBC Document [2018] No. 3), clarifying that all cross-border business allowed by law to be settled with foreign exchange could also be settled with RMB by enterprises.

On January 5, CFETS issued the *Notice on the Arrangements for Overseas Banks to Participate in Interbank FX Market Regional Trading,* allowing qualified overseas banks to participate in interbank FX market regional trading.

On February 9, the PBC authorized the J.P. Morgan Chase & Co. to serve as the RMB clearing bank in USA.

On March 26, the RMB Cross-border Interbank Payment (CIPS) phase II was launched for pilot operation.

On March 26, the Crude Oil Futures Contract denominated in RMB was listed for trading on Shanghai International Energy Exchange.

On March 30, the PBC and the Reserve Bank of Australia renewed the bilateral local currency swap agreement of RMB 200 billion yuan/AUD 40 billion.

On April 3, the PBC and the Central Bank of Albania renewed the bilateral local currency swap agreement of RMB 2 billion yuan/ALL 34.2 billion.

On April 11, the PBC and the South African Reserve Bank renewed the bilateral local currency swap agreement of RMB 30 billion yuan/ZAR 54 billion.

On April 20, to further regulate overseas security investment by RMB qualified domestic institutional investors, the General Administration Department of the PBC issued the *Notice on Further Clarifying the Rules on Overseas Security Investment by RMB Qualified Domestic Institutional Investors* (PBC General Administration Department Document [2018] No.81).

On April 27, the PBC and the Central Bank of Nigeria signed a bilateral local currency swap agreement of RMB 15 billion yuan/NGN 720 billion.

On May 1, the daily quotas under both Shanghai-Hongkong Stock Connect and Shenzhen-Hongkong Stock Connect were expanded four times, in which the daily quota for each of the northbound trading links were adjusted to RMB 52 billion yuan from RMB 13 billion yuan, the daily quota for each of the southbound trading links were adjusted to RMB 42 billion yuan from RMB 10.5 billion yuan.

On May 2, CIPS phase II was fully launched, with eligible direct participants engaged online simultaneously.

On May 4, the foreign investors were formally introduced into domestic RMB-denominated iron ore futures trading in Dalian Commodity Exchange.

On May 9, the pilot area of RMB qualified foreign institutional investors expanded to Japan, with a quota of RMB 200 billion yuan.

On May 10, the PBC and the National Bank of the Republic of Belarus renewed the bilateral local currency swap agreement of RMB 7 billion yuan/ BYR 2.22 billion.

On May 16, in order to further improve cross-border capital flow, and advance the opening-up of China's financial market, the General Administration Department of the PBC issued the *Notice on Further Perfecting the Management of Cross-border Capital Flow to Support the Opening-up in Financial Market* (PBC General Administration Department Document [2018] No.96).

On May 23, the PBC and the State Bank of Pakistan renewed the bilateral local currency swap agreement of RMB 20 billion yuan/ PKR 351 billion.

On May 25, the PBC and the Central Bank of Chile renewed the bilateral local currency swap agreement of RMB 22 billion yuan/CLP 2200 billion.

On May 28, the PBC and the National Bank of Kazakhstan renewed the bilateral local currency swap agreement of RMB 7 billion yuan/KZT 350 billion.

On June 1, the Chinese A-share was formally included in MSCI Emerging Markets Index and Global Standard Index, which was conductive to attracting overseas investors to allocate assets on RMB share .

On June 11, in order to regulate the investment in domestic security market by RMB qualified foreign institutional investors, The PBC and SAFE jointly issued the *Notice on the Rules of Domestic Security Investment by RMB Qualified Foreign Institutional Investors* (PBC Document [2018] No.157).

On June 13, to perfect the management of RMB purchases and sales businesses, the PBC issued the *Notice on Improving the Management of RMB Purchases and Sales Businesses* (PBC Document [2018] No.159), expanding the scope of purchases and sales businesses to securities investment.

On August 20, the PBC and the Bank Negara Malaysia renewed the bilateral local currency swap agreement of RMB 180 billion yuan/MYR 110 billion.

On September 3, CFETS formally introduced the Industrial and Commercial Bank of China (Almaty) and ICBC Standard Bank Plc. to participate in domestic interbank FX market for the regional trading of RMB against KZT, and extended trading hour for RMB against KZT regional trading from 10:30-16:30 to 10:30-19:00 (Beijing time, GMT+8).

On September 8, in order to promote the opening up of domestic interbank bond market, regulate foreign institutional bond issuance, and protect legitimate interests of bond market investors, the PBC and MOF jointly issued the *Interim Rules for the Administration of Bond Issuances by Overseas Institutions on China's Interbank Bond Market* (PBC, MOF Public Announcement [2018] No.16).

On October 13, the PBC and the Bank of England renewed the bilateral local currency swap agreement of RMB 350 billion yuan/GBP 40 billion.

On October 22, the PBC and the Bank of Japan signed the memorandum of understanding on the currency clearing cooperation across Japan. On October 26, the PBC authorized Tokyo Branch of Bank of China to serve as the RMB clearing bank in Japan.

On October 26, the PBC and the Bank of Japan signed a bilateral local currency swap agreement of RMB 200 billion yuan/JPY 3,400 billion.

On November 16, The PBC and Bank Indonesia renewed bilateral local currency swap agreement of RMB 200 billion yuan/IDR 440 trillion.

On November 20, the PBC and the Central Bank of Philippine signed the memorandum of understanding on the currency clearing cooperation across the Philippines.

On November 30, Pure Terephthalic Acid (PTA) futures which denominated in RMB were formally introduced to overseas traders.

On December 10, the PBC and the National Bank of Ukraine renewed the bilateral local currency swap agreement of RMB 15 billion yuan/UAH 62 billion.

2019

On January 31, Bloomberg formally confirmed the inclusion of Chinese bonds into the Bloomberg Barclays Global Composite Index from April 2019.

On February 11, the PBC and the Central Bank Van Suriname renewed the bilateral local currency swap agreement of RMB 1 billion yuan/SRD 1.1 billion.

On February 28, MSCI announced that it would significantly increase the weight of Chinese A-shares in the MSCI Indexes by raising the inclusion factor from 5% to 20% in three steps.

Afterword

In retrospect of the financial reform and opening-up in China for the past decade, we found that RMB internationalization had been a highlight. To better study RMB internationalization, since 2015, the Monetary Policy Department II of the PBC began to publish annual report on RMB internationalization in both Chinese and English for market participants and researchers reference. The report covers a wide range of topics, including the international use of RMB in various aspects, relevant policies and progress of reform, the status of major economies in the world, outlook and etc., containing detailed data and elaborate boxes on key issues.

Macroprudential Policy Bureau published *2019 RMB Internationalization Report* together with the Monetary Policy Department, the Payment System Department, the Currency, Gold and Silver Bureau of the PBC, as well as cross-border RMB offices of PBC Jinan Branch, Xi'an Branch, Hohhot Central Sub-Branch, Hefei Central Sub-Branch, Changsha Central Sub-Branch, and Yinchuan Central Sub-Branch. And also, we received great support from Bank of China and China Financial Publishing House. Hereby, here went our wholehearted appreciation for all who had supported us for the report.

Due to our limited knowledge, there might be errors and discrepancies in the report. We sincerely invite any of your comment and advice.

The Editor
June 2019